ENCYCLOPAEDIE

DER

IN DEUTSCHLAND GELTENDEN

RECHTE.

DRITTE ABTEILUNG.

DAS ÖFFENTLICHE RECHT.

VON

Dr. FRIEDRICH BLUHME.

ERSTE LIEFERUNG.

ZUR ZWEITEN UND DRITTEN AUSGABE GEHÖRIG.

BONN

BEI ADOLPH MARCUS

1865.

SYSTEM

DES

IN DEUTSCHLAND GELTENDEN

STRAFRECHTS

MIT EINSCHLUSS DES

STRAFPROCESSES.

VON

DR. FRIEDRICH BLUHME,

KÖNIGLICHEM GEHEIMEN JUSTIZRATH UND ORDENTLICHEM PROFESSOR DER RECHTE, ORDINARIUS DES SPRUCHCOLLEGIUMS DER JURISTENFACULTÄT ZU BONN.

ZWEITE VERBESSERTE AUSGABE.

BONN

BEI ADOLPH MARCUS

1865.

Vorwort.

Zur ersten Ausgabe.

Mit der vorliegenden Darstellung unseres Strafrechts und Strafprocessrechts beginnt, als dritte und lezte Abteilung dieser Encyclopädie, das System der öffentlichen in Deutschland geltenden Rechte, dessen übrige Theile das Kirchenrecht, das Staatsrecht und das Völkerrecht umfassen werden. Da aber inzwischen von der ersten Abteilung schon eine zweite Ausgabe erschienen ist, so hat dieses neue Heft gleich als zu beiden Ausgaben gehörig, bezeichnet werden müssen.

Das verzögerte Erscheinen dieses Heftes ist wenigstens teilweise auch solchen Umständen zuzuschreiben, die in der Sache selbst, und nicht in der Person des Verfassers ihren Grund haben. Der Boden unseres älteren gemeinen Rechts, auf welchem die Darstellung des heutigen in Deutschland geltenden Privatrechts fast in allen seinen Theilen sicher aufgebauet werden konte, erscheint bei dem Strafrecht und dem Strafprocessrecht so durchlöchert, dass die neueren Landesgesezgebungen, welche dort nur als Zugabe und lezte Entfaltung dieses Rechts zu betrachten waren, hier vielmehr mit als Grundlage dienen müssen. Aber eben dieser Grund ist noch fortwährend den grösten Schwankungen Preis gegeben. Wir haben vollständige Gesezesvorlagen vergebens der Beratung harren, oder schon vor derselben wieder verschwinden sehen; sogar bereits publicirte Strafprocessordnungen sind eben so rasch wieder beseitiget worden. In solchen Zeiten ist es dem Autor nicht zu verargen, wenn er mehr als einmal inne hält, um das vergeblich gehoffte Ende der Schwankungen abzuwarten.

Es ist eigentlich nur ein zufälliges Zusammentreffen, dass gleichzeitig mit diesem Hefte noch eine literarische Uebersicht der Quellen und Bearbeitungen unseres Strafprocesses von demselben Verfasser erscheint. Sie ist geschrieben zur Ergänzung speciellerer akademischer Vorträge; aber auch dem Leser dieser Blätter wird sie vielleicht als Zugabe nicht unwillkommen sein.

Bonn, den 10. November 1854.

Zur zweiten Ausgabe.

Seit dem ersten Erscheinen dieses Buches sind grade zehn Jahre verflossen. Sie haben zur Befestigung des neueren Strafrechts und Strafprocessrechts vielfach geholfen; und doch sind wir auf diesem Gebiete noch sehr entfernt von einem eigentlichen Beharrungszustande, soweit ein solcher überhaupt im Rechte möglich ist. Davon zeugen die zahlreichen allerneuesten Gesezbücher und Gesezentwürfe, nicht blos die S. 7. 8. 88...90, sondern auch die noch unter den Nachträgen S. 207 meines Buches verzeichneten.

Kleinere Nachhülfen, und eingreifende Umarbeitungen einzelner Theile, haben mit dem neuhinzugefügten Register diese neue Ausgabe um zwei Drukbogen vermehrt: dem Verfasser sei es erlaubt, sie auch als eine verbesserte Ausgabe zu bezeichnen.

Bonn, den 14. November 1864.

Inhaltsübersicht.

Zweites Kapitel. Das specielle Strafprocessrecht.

FÜNFTES BUCH.

DAS STRAFRECHT

MIT EINSCHLUSS

DES STRAFPROCESSES.

Erster Theil.

Das materielle Strafrecht.

Erstes Kapitel.

Die allgemeinen Strafrechtslehren.

I. Quellen und principielle Grundlagen.

A. Einleitung.

1. Das Strafrecht bestimmt die rechtlichen Folgen derjenigen Handlungen, welche für Verlezungen des objectiven Rechts, für Angriffe auf die Rechtsordnung an sich erklärt worden sind.

Leider fehlt es uns an einer kurzen technischen Bezeichnung, welche alle Handlungen dieser Art umfasste. Die Namen Verbrechen, Vergehen, Missethat, Delict, Uebertretung haben ihre speciellere Bedeutung (§. 17); nur das Wort Uebelthat darf unbedenklich noch in der generellen Bedeutung, die wir vorerst hier festhalten müssen, gebraucht werden.

Aber nicht jedes Unrecht, nicht jede unerlaubte Handlung ist eine solche Uebelthat, und nicht jede Uebelthat ist mit einer öffentlichen Strafe bedrohet. Denn es giebt auch Privatdelicte, welche nur dem Verlezten gegenüber zum Schadenersaz, mitunter selbst zur Geldstrafe verpflichten (Band II § 395...397); das römische Recht gestattete überdies auch dem nichtbeteiligten Privatmanne nicht selten die Einziehung einer öffentlichen Geldstrafe. So wie aber diese s. g. Popularklagen, und selbst die ihnen nicht ganz unähnlichen geseztlichen Denunciantengebühren im heutigen Strafrechte fast überall verschwunden sind, so gehört es überhaupt zu den constanten Entwickelungsgesezen des Strafrechts, dass alle Privatstrafen allmählig von den öffentlichen absorbirt werden. Schon die germanischen Volksrechte theilten die Geldbufse zwischen dem Verlezten und dem Könige; die meisten neueren Strafgeseze haben dem Ersteren neben der einfachen Entschädigung nur mitunter noch die Genugthuung gelassen, dass gewisse öffentliche Strafen nicht ohne seinen Antrag oder nicht wider seinen Willen eintreten dürfen.

2. Das gesamte Strafrecht zerfält, wie das Privatrecht, in zwei Hauptteile: in das materielle Strafrecht und in den Strafprocess; und hierin steht es dem Privatrecht näher als dem öffentlichen Recht in seinen übrigen Hauptteilen. War auch das Verbrechen ein Angrif auf den Staat und auf das gesamte bürgerliche Gemeinwesen, die Strafe trift doch immer nur das menschliche Individuum, die Privatperson, die dabei des gerichtlichen Schuzes niemals entbehren darf. So giebt es keine Strafe ohne Strafverfahren; und da auch die Freisprechung des Angeschuldigten ein gerichtliches Verfahren erfordert, so giebt es noch viel mehr Strafprocesse als Strafanwendungen, während in den übrigen Zweigen des öffentlichen Rechts von eigentlicher Rechtspflege kaum die ersten Anfänge zu finden sind (Buch II §. 566). Aber auch das Privatrecht bleibt hierin hinter dem Strafrecht weit zurük; denn es soll in der Regel ohne gerichtliche Mitwirkung angewendet werden, so dass der Civilprocess hier nur eine Ausnahme bildet, ein Minimum, dessen Verhältnis zur Regel sich jeder Zahlenbestimmung entzieht.

B. Die Quellen des materiellen Strafrechts.

3. Man hat wohl die Behauptung gewagt, dass es im Strafrecht keine rechtsgültige Gewohnheiten geben könne: „nullum delictum sine lege poenali". Was dieser Ansicht als richtig einzuräumen ist, besteht aber nur in folgenden zwei Puncten:

1) ein rechter ehrlicher Kampf zwischen dem öffentlichen Willen und dem zu unterdrückenden Willen des Individuums ist kaum zu denken, wenn nicht der Erstere sich klar und bestimmt als gesezliche Vorschrift ausgesprochen hat;
2) so weit die gewohnheitrechtlichen Bildungen auf wirklicher Uebung beruhen (Bd. I §41...44. 48), können sie im Strafrechte nur im Wege des Gerichtsgebrauchs entstehen, weil eine aussergerichtliche Criminalpraxis gar nicht existirt (§.2).

Allein durch das Erste dieser Argumente wird jedenfals das blos interpretirende, namentlich das mildernde Gewohnheitsrecht nicht abgeschnitten, und bei dem zweiten ist nicht zu vergessen, dass es auch einen blos negativen, in reiner Nichtanwendung des Strafgesezes bestehenden Gerichtsgebrauch geben kan. Ueberhaupt aber wird der Einfluss des Juristenrechts, sofern dieses auch ohne alle Uebung zur bindenden Ueberzeugung erstarken kan, durch jene Argumente nicht beseitigt [1].

Auf der andern Seite muss man zugeben, dass die neuesten positiven Strafgesezgebungen sich möglichst bemühet haben, den Einfluss des Gewohnheitrechts abzuwehren, und dass auch dieser Umstand die Bildung desselben häufig erschwert hat. Dabei ist jedoch den Verwaltungsbehörden die nicht unbedenkliche Befugnis eingeräumt worden, nicht nur im Disciplinarwege gegen

1) vgl. auch Puchta Gewohnheitsrecht Bd. II S. 240...263. Hälschner preuss. Strafrecht Th. II §. 6.

untergeordnete Beamte einzuschreiten, sondern auch polizeiliche Anordnungen unter Androhung von Geld- und subsidiären Freiheitstrafen zu erlassen [2].

4. Die gesezlichen Quellen des materiellen Strafrechts erscheinen weder im justinianischen, noch im älteren römischen Rechte von den übrigen Rechtsquellen völlig gesondert, obwohl sie in den Pandekten als s. g. terribiles libri (Dig. lib. 47. 48) näher beisammen stehen. Erst durch die deutsche Reichsgesezgebung, die schon in den oft erneuten Landfrieden (Bd. I §. 125) mit neuen Strafbestimmungen hervorgetreten war, ist im J. 1532 ein selbständiger Criminalcodex entstanden: die Peinliche oder Halsgerichtsordnung Carl's V (constitutio criminalis carolina), die freilich zunächst mehr das Strafverfahren zu regeln suchte. Die unmittelbaren Vorbilder dieser wichtigen, von den Reichsständen schon 1498 geforderten Rechtsquelle war eine bamberger Halsgerichtsordnung vom J. 1507, welche schon 1516 fast unverändert von den fränkisch-brandenburgischen Fürsten recipirt wurde; die ersten Vorarbeiten zum Reichsgesez erschienen im J. 1521.

Die vollständigen Landesstrafgesezgebungen, welche das gemeine Strafrecht als formale Rechtsquelle ganz beseitigen wolten, beginnen 1793 mit dem lezten Titel des preussischen Landrechts (Th. II Tit. 20). Seitdem ist in Preussen, Oesterreich, Sachsen und Bayern zweimal, in Hannover, Braunschweig, Baden, Württemberg und Thüringen einmal eine selbständige neue Strafgesezgebung ergangen; in Oldenburg, Lippe-Detmold, Liechtenstein, Sachsen-Altenburg, Nassau, Frankfurt und Lübek sind die schon vorhandenen Gesezbücher anderer Staaten mit

---

2) Das preuss. Gesez über die Polizeiverwaltung vom 11. März 1850 §. 11 wolte diese Befugnis für die Bezirksregierungen auf die Summe von zehn Thalern beschränken.

geringen Modificationen angenommen worden. Hamburg und Bremen stehen noch im Stadium der Entwürfe; Kurhessen, Holstein-Lauenburg, Meklenburg, Bückeburg, Reuss-Greiz bleiben jedenfals noch als Gebiete des gemeinen Strafrechts übrig.

5. Eine beinah vollständige Samlung dieser neuesten Gesezgebungen ist in folgendem Werke enthalten:

M. Stenglein Sammlung der deutschen Strafgesezbücher. 3 Bände in 13 Heften, München 1858. 12°.

Alphabetisch ordnen dieselben sich in folgender Weise:

Anhalt-Bernburg: v. 5. Febr. 1852: das preussische Strafgesezbuch. Stenglein XI S. 23...30.

Anhalt-Dessau: v. 28. Mai 1850: das thüringische Strafgesez. Stenglein X S. 26...32. Polizeistrafges. vom 28. Apr. 855.

Baden: v. 6. Mai 1845, in Geltung seit 1. März 1851. Stenglein Heft VIII.

Bayern: v. 10. Nov. 1861: s. die Strafgesezgebung des KR. Bayern 1864. S. 1...373. (Das ältere Strafgesezbuch v. 6. Mai 1813, s. Stenglein Heft I.)

Braunschweig (und Lippe-Detmold): v. 10. Juli 1840. Stenglein Heft V.

[Bremen: Entwurf des ersten Theils mit Motiven 1861, in zwei Bänden.]

Frankfurt: v. 16. Sept. 1856 (= Hessen). Stenglein Heft VII S. 17...22.

[Hamburg: Entwurf vom J. 1849?]

Hannover: vom 8. Aug. 1840. Stenglein Heft VI.

Hessen-Darmstadt: v. 17. Sept. 1841. Stenglein Heft VII; in Hessen-Homburg eingeführt 1850.

Liechtenstein = Oesterreich.

Lippe-Detmold: v. 18. Juli 1843 (= Braunschweig). Stenglein Heft V S. 9...12.

Lübek: v. 24. August 1863, eingeführt 1. März 1864 (dem preussischen ähnlich).

Nassau: v. 14. April 1849 (fast übereinstimmend mit dem hessischen). Stenglein Heft IX.

Oesterreich: v. 3. Sept. 1803, revidirt 27. Mai 1852. Stenglein Heft XII.

Oldenburg: v. 3. Juli 1858 (dem preussischen ähnlich. Das ältere, vom 10. Sept. 1814, war gleich dem bayerischen v. 1813; Stenglein Heft II).

Preussen: v. 14. April 1851 (das ältere war Tit. 20 des Allg. Landrechts Th. II). Stenglein Heft XI. Daneben gilt noch das Strafgesez für das preussische Heer, vom 3. April 1845, und die Kriegsartikel vom 27. Juni 1844.

Reuss-Schleiz: v. 14. April 1852 (= Thüringen).

Sachsen (Königreich): vom 13. Aug. 1855 (das ältere war von 1838). Stenglein Heft XIII.

Sachsen-Altenburg: v. 3. Mai 1841 (gleich dem älteren sächsischen von 1838). Stenglein Heft III.

Sachsen-Coburg-Gotha: v. 29. Nov. 1850. 23. Dec. 1851.

Sachsen-Meiningen: v. 21. Juni 1850.

Sachsen-Weimar: v. 20. März 1850.

Schwarzburg-Rudolstadt: v. 26. April 1850.

Schwarzburg-Sondershausen: v. 25. März 1850 (das ältere, v. 1845, war das sächs. von 1838).

= Thüringen.

Thüringen: Stenglein Heft X. s. Anhalt, Reuss, Sachsen, Schwarzburg.

Waldeck: v. 15. Mai 1855 (= Preussen). Stenglein Heft XI.

Württemberg: v. 1. März 1839. Stenglein Heft IV.

6. Unter den zahlreichen Systemen des gemeinen Strafrechts sind die Lehrbücher von Feuerbach (zuerst 1800, vierzehnte Ausgabe von Mittermaier 1847), und Heffter (1833...1857 in sechs Ausgaben) am meisten verbreitet; geschichtlich hat Wilda das altgermanische Strafrecht, leider nur in einem ersten Bande (1842), sehr gründlich bearbeitet. Unter den Bearbeitungen der Territorialrechte ist vor Allem die des preussischen von Hälschner (bisher zwei Bände, 1855. 1858) hervorzuheben, weil sie den inneren Zusammenhang des gemeinen und des preussischen Strafrechts durchweg sehr lehrreich erörtert.

7. Eine Frage von besonderer Schwierigkeit betrift die räumlichen Grenzen[3] der Wirksamkeit eines territorialen Strafgesezes[4]. Die Regel: dass jedes Strafgesez auf diejenigen Handlungen anzuwenden sei, welche innerhalb des entsprechenden Territoriums begangen wurden, steht freilich unbestreitbar fest; aber die Ausnahmen von dieser Regel, deren Notwendigkeit im Allgemeinen auch nicht bestritten wird, sind im Einzelen nicht so leicht zu fixiren.

Die erste Ausnahme würde in der absoluten Unanwendbarkeit des Strafgesezes auf verbrecherische Handlungen, die innerhalb des Staatsgebietes begangen wurden, bestehen. Hieher gehört aber nur die persönliche Unverlezlichkeit des Staatsoberhaupts; denn gegen andere Personen, namentlich auch gegen diejenigen, die das völkerrechtliche Privilegium der Exterritorialität geniessen, kan zunächst nur die strafgerichtliche Verfolgung, der Strafprocess, ausgeschlossen werden. Aehnlich steht es mit der Strafverjährung, die in der Regel nur dem noch nicht Verfolgten, nicht dem bereits Verurteilten zu statten komt.

Die zweite, wichtigere Ausnahme betrift die Anwendbarkeit des Strafgesezes auf auswärts begangene Handlungen. Hier stimmen nun fast alle Geseze darin überein, dass der Begrif einer strafbaren Handlung nicht auf die physische Thätigkeit des Urhebers zu beschränken, sondern auch auf die von ihm beabsichtigten Wirkungen mit zu erstrecken ist. So wie die jenseits der

---

3) Ueber die zeitlichen Grenzen s. oben Bd. I §. 59. 60 der dritten Ausgabe. Hälschner Bd. II §. 14.

4) vgl. Abegg über die Bestrafung der im Auslande begangenen Verbrechen 819. — Berner Wirkungskreis des Strafgesezes nach Raum, Zeit und Personen. 853. — Hälschner Bd. II §. 15. — C. G. v. Wächter das königl. sächsische und das thüringische Strafrecht S. 125...160.

Grenze abgeschossene Kugel auch da, wo sie treffen solte und getroffen hat, zum Thatbestand eines strafbaren Mordes genügt, so müssen auch Fälschungen, staatsgefährliche Angriffe u. s. w., die vom Auslande aus unternommen wurden, den Strafgesezen des Staates unterliegen, innerhalb dessen Grenzen die schädliche Wirkung nach der Absicht des Thäters hervorgebracht werden solte.

8. Auch das erscheint freilich noch nicht genügend. Wir können das Bedürfnis einer internationalen Strafrechtspflege nicht verkennen, damit die Straflosigkeit des Verbrechers, der erst nach auswärts begangener That das Staatsgebiet gewechselt hat, verhütet werde. Wird auch in solchen Fällen meist schon die Auslieferung des Verbrechers an den Ort oder den Staat des begangenen Verbrechens aushelfen, so giebt es doch auch Veranlassungen, diese Auslieferung zu versageu, und es giebt Fälle, wo sie gar nicht möglich ist[5]. Die erste Rüksicht hat die meisten Staaten veranlast, sich die Bestrafung aller von ihren Angehörigen im Auslande verübten Vergehen vorzubehalten[6]; die zweite hat mitunter dahin geführt, solche Verbrechen, die in allen civilisirten Ländern, und namentlich auch an dem Ort der begangenen That mit Strafe bedrohet waren, gleichsam als delicta iuris gentium zu behandeln, welche in keinem Falle ungestraft bleiben dürften[7]. Aus Beidem konte freilich zunächst nur eine Strafgewalt und eine richterliche Competenz

5) z. B. bei einem in Feindesland, oder auf dem Meere, oder ausserhalb Europa's begangenen Verbrechen.

6) Preuss. Strafges. §. 4 num. 3. Hannover art. 2. Württemberg art. 3. Baden §. 4. Hessen §. 4. Thüringen art. 2. Oesterreich §. 36. Sachsen art. 2. Bayern art. 10. 11.

7) Blofse Uebertretungen (§. 17) können in der Regel nur als Localdelicte behandelt werden.

auch an dem Orte der Ergreifung gefolgert werden; die weitere Frage, ob nun das Strafgesez des Ortes der That, oder das des Ortes der Ergreifung anzuwenden sei, ward aber schlieslich meist dahin gelöset, dass wenigstens bei Ausländern immer der milderen Strafbestimmung der Vorzug gebühre[8]; dem Inländer haben einzelne Gesezgebungen diese Wohlthat versagt[9], ja in Oesterreich soll ihm sogar die bereits im Auslande verbüfste mildere Strafe nur so weit zu Gute kommen, dass sie ihm bei Zuerkennung der härteren inländischen Strafe in Anrechnung gebracht wird[10]. Gemeinrechtlich wird durch die im Auslande bereits eingetretene Bestrafung oder richterliche Freisprechung allgemein die abermalige Strafverfolgung, und somit indirect die Anwendung eines anderen Strafgesezes ausgeschlossen.

Es ist, bei der grofsen Zersplitterung der deutschen Territorien, sehr zu beklagen, dass diese Fragen bisher weder theoretisch[11], noch in den Gesezgebungen[12] selbst,

---

8) So schon nach einer kurkölnischen Verordnung vom 9. Mai 1786 und nach dem älteren Preussischen Strafgesez, im Landrecht II, 20 §. 12...15. — Oesterreich §. 40. Sachsen art. 3. 5...8.

9) Sachsen art. 2.

10) Oesterreich §. 36. vgl. Bayern art. 13. Sachsen art. 9. — Anderswo wird das »ne bis idem exigatur« (fr. 57 de Regulis Iuris) vorzugsweise auf Strafsachen bezogen, so dass nur etwa die blofsen Straffolgen, und die politischen Nebenstrafen, einer anderweitigen gerichtlichen Feststellung in der Heimat des bereits Verurteilten unterliegen können. Preussen §. 24. Württemb. 29. Hessen 26. Baden 9. Bayern art. 45.

11) vgl. Heffter Strafrecht §. 25...27. 150. Hälschner preuss. Strafrecht II S. 45...74.

12) Die braunschweigische §. 2, die hannoversche art. 3, die badische §. 5. 6, die thüringische art. 3, die bayerische art. 12 und der bremische Entwurf §. 6 haben, abgesehen von etwanigen Specialgesezen oder Staatsverträgen, sich nur die zum

gleichmäfsig entschieden worden sind; eine bundesrechtliche Regelung derselben würde eine viel einfachere und dankbarere Aufgabe gewesen sein, als die neuerdings angebahnten Gesezgebungen über ein gemeinsames Obligationen- und Civilprocessrecht der deutschen Bundesstaaten.

C. Die Strafrechtstheorien.

F. C. Th. Hepp Darstellung und Beurtheilung der deutschen Strafrechts-Systeme. 2 Abtheilungen. ed. II. 1843...45. Heffter §. 4...6. Köstlin neue Revision der Grundbegriffe des Criminalrechts 845. Walter Naturrecht und Politik 863. §. 408...414.

9. Von den lezten Gründen des Strafrechts war in älterer Zeit wenig die Rede; man hielt es für genügend, dass die Strafen an sich unentbehrlich seien, und beschränkte sich auf die Erwägung der Zwecke, die durch die Strafe zu erreichen waren. Dass man berechtiget sei, den Uebelthäter durch die Strafe unschädlich zu machen, oder ihn zur Abschreckung für Andere zu verwenden, das schien sich von selbst zu verstehen.

Erst seit der Mitte des vorigen Jahrhunderts haben entschiedene Misbräuche, teils im Strafprocesse, teils auch in der Anwendung einzelner Strafen, die Vorfrage von der Rechtmäfsigkeit der Strafen allgemeiner angeregt. Es war Beccaria, der in seinem berühmten Buche von den Verbrechen und den Strafen [13] zuerst die Rechtmä-

---

Nachteil eines Inländers vom Ausländer im Auslande verübte Handlung zu strafen vorbehalten; das hessische Strafgesezbuch art. 5 und das neuere preussische §. 4, haben auch diesen Fall nicht besonders bedacht.

13) Dei delitti e delle pene. Napoli 1764. Deutsch 1766. 67. u. o. — Voltaire hatte schon früher das damalige Strafverfahren in Frankreich angegriffen; und als im J. 1777 zu

ſsigkeit der Todesstrafe angrif; und dies führte sofort auf das Verlangen nach einem „obersten Grundsaz“ des Strafrechts, aus welchem dann auch die Begründung jeder einzelen Strafe abzuleiten sei. Es war aber zugleich auch ein besseres Erkennen der publicistischen Seite des Strafrechts, welches in diesem Verlangen sich aussprach; denn in allen Theilen des öffentlichen Rechts erscheinen die höheren leitenden Principien um so notwendiger, je seltener hier im Einzelen auf ein geordnetes System bestimmter und unumstöſslicher Rechtsäze zu rechnen ist.

10. Die verschiedenen Versuche, diesem Bedürfnis zu entsprechen, lassen sich auf zwei Hauptklassen zurükführen: auf die absoluten und die relativen Strafrechtstheorien[14]. Jene sollen die Strafe überhaupt, diese nur die Angemessenheit der einzelen Strafen, einem bestimmten Verbrechen oder Verbrecher gegenüber, begründen; daher sind die lezteren auch nur als Ergänzung, nicht aber als Surrogat oder Aequivalent der ersteren zu betrachten.

Die absoluten Theorien lassen sich, aller untergeordneten Varietäten ungeachtet, auf drei Hauptprincipe zurükführen: auf das der Notwehr, das der Abbüſsung und das der Vergeltung.

11. A. Die Theorie der Notwehr betrachtet jedes Verbrechen als directen Angrif auf den Staat und die rechtliche Ordnung; sie macht die Strafe zur Schuzwaffe. Nicht weil das Verbrechen begangen ward („quia peccatum est“), sondern weil es begangen wird und wie-

Bern der Entwurf eines neuen Strafgesezes zur Preisaufgabe gemacht wurde, erhöhte er den verheissenen Preis noch bedeutend. Globig und Huster, zwei sächsische Gelehrte, waren die Sieger unter den 46 deutschen und französischen Bewerbern.

14) Vgl. Stahl Rechtsphilosophie Bd. II. §. 140 ff. S. 515 ff.

der begangen werden könte („quia peccatur“ oder „ne peccetur“), soll die Strafe eintreten[15].

Aber es bedarf nur einer kurzen Erwägung, um zu erkennen, dass dieser Theorie die Eigenschaften eines Rechtsprincipes nicht zukommen. Sie würde die Fälle der Strafbarkeit auf ein sehr kleines Gebiet concentriren, innerhalb dieses engeren Gebietes aber die Anwendung jedes zur Selbstverteidigung geeigneten Mittels gestatten. Ein Verbrecher, der nur Privatrechte verlezt hätte oder von dem nichts mehr zu fürchten wäre, würde seinerseits eben so wenig von dieser Theorie etwas zu fürchten haben.

12. B. Nach der Theorie der Abbüfsung oder der Rechtlosigkeit, von welcher Fichte[16] ausgegangen ist, wird der Verbrecher rechtlos durch das Verbrechen; denn den Schuz der Rechtsordnung, die er durchbrochen hat, kan er für sich nicht in Anspruch nehmen. So ist er der Privatrache Preis gegeben, bis ihn die Strafe rehabilitirt, des wieder erkauften rechtlichen Schuzes von Neuem teilhaft gemacht hat.

Es ist nicht zu leugnen, dass diese Theorie mit dem historischen Entwickelungsgange des Strafrechts in vielen Puncten zusammentrift. Bei allen roheren Völkern macht die Tödtung friedlos; der Urheber des Verbrechens ist der Blutrache des Privatgegners oder seiner Verwandten verfallen, bis die öffentliche Macht (der Königsschuz) mäfsigend einschreitet, zuerst durch ein geordnetes Maas von Bufsen und Wergeldern, dann durch Freiheits-, Arbeits- und Leibesstrafen[17]. Die spätere Rechtlosigkeit des Ge-

---

15) Martin Criminalrecht §. 11...13.

16) Grundlage des Naturrechts. 1796. 97. II, 95...99.

17) Wilda Strafrecht I S. 366 ff. So heist es in der burgundischen Gundobada XII, 3: »quodsi raptor . . . unde solvere non habuerit, parentibus adsignetur, ut faciendi de eo,

ächteten war nur der Rükfall des Individuums in jenen älteren gemeinsamen Zustand aller Verbrecher.

Aber nur die temporären Strafen, nicht die Todes- oder die härteren lebenslänglichen Strafen sind durch diese Abbüfsungstheorie zu rechtfertigen; denn die Aussicht auf den Wiedererwerb eines Rechtschuzes ist bedingt durch die Hofnung, die Strafe zu überleben.

13. C. Nur die Vergeltungstheorie, oder das Princip der Genugthuung, wie es von Kant, das der Ausgleichung, wie es von Stahl aufgestellt worden ist, kan auf den Namen eines ausreichenden absoluten Strafrechtprincips Anspruch machen. Sie beruhet auf der Idee der göttlichen Weltordnung und der ewigen Gerechtigkeit, die schon auf Erden ihr Abbild in der Rechtsordnung finden soll. Ausgleichung zwischen Verbrechen und Strafe, oder die Negation des Unrechts durch die Strafe, erscheint hier als eine Forderung des Sittengesezes [18].

Freilich läst dieser Theorie sich der Vorwurf machen, dass sie über den Inhalt der Strafe im Einzelnen gar nichts bestimme; allein eben dadurch wird sie der rechte Unterbau für die relativen Strafrechtstheorien, welche ihrerseits den lezten Grund aller Strafe nicht anzugeben vermögen.

14. Diese relativen Systeme sind teils solche, die gegen das Verbrechen an sich, teils solche, die gegen die Person des Verbrechers gerichtet sind.

A. Gegen das Verbrechen an sich ist die Abschreckungs- oder Warnungs- und die Präventionstheorie gerichtet.

---

quod ipsi maluerint, habeant potestatem«. — Decretio Childeberti a. 596: »quomodo sine lege inuolauit, ita sine lege moriatur«.

18) Stahl Rechtsphilosophie II, 2 §. 170. Trendelenburg Naturrecht § 60.

Schon die Römer fanden es unbedenklich, dass man durch die Strafandrohung schrecken, also dem Verbrechen zuvorkommen müsse [19]. Die Strafvollstreckung wäre dann zunächst schon eine notwendige Folge der vorausgegangenen Drohung, oft aber noch ein viel eindringlicheres Abschreckungsmittel für die Zukunft, als das in blofsen Worten ausgedrükte Strafgesez für sich allein. Es solte wenigstens „ein Exempel statuirt“ werden.

Unter den neueren Juristen sind Feuerbach und Bauer die entschiedensten Verteidiger dieses Princips, dem von den Gegnern hauptsächlich der Vorwurf gemacht wird, dass es den Menschen zum blofsen Mittel herabwürdige.

15. B. Gegen die Person des Verbrechers ist die Sicherungstheorie gerichtet, welche ihn unschädlich machen, die Nuzungstheorie, die ihn zum Schadenersaz verwenden, und die Besserungstheorie, die ihn heilen will. Die Todesstrafe und das sicherste Gefängnis würde dem ersten, die Arbeitstrafe dem zweiten, das Pönitentiargefängnis dem dritten Zwecke am meisten entsprechen (§. 37).

Eine verständige Strafgesezgebung wird es daher vermeiden, sich von Einem dieser Zwecke ausschlieslich leiten zu lassen; aber sie wird sie sämtlich im Auge behalten, vielleicht auch einmal durch Zulassung alternativer und subsidiärer Strafen (§. 52) dem Richter die Gelegenheit vorbehalten, die Zwekmäfsigkeit der Strafe nach der Individualität des concreten Falles zu erwägen.

---

19) const. 7 Ad leg. Fab. de plagiariis (Cod. 9, 20): »capite eum plecti non dubitabis, ut poenae genere deterreri ceteri possint«.

II. Die Uebelthat.

A. Wesentliche Bestandteile der strafbaren Handlung.

16. Die Merkmale einer strafbaren Handlung bilden in ihrer Gesamtheit den s. g. Thatbestand des Verbrechens im weitesten Sinne des Wortes. Dahin gehört aber teils das äussere, rechtswidrige Ereignis oder der objective Thatbestand, teils die rechtswidrige Thätigkeit eines bestimmten Urhebers, der s. g. subjective Thatbestand [20].

Beides muss bei dem Verbrechen zusammentreffen; denn das zwar gewolte, aber gar nicht eingetretene Ereignis wird eben so wenig bestraft (cogitationis poenam nemo patitur), als das eingetretene, wenn es nur als Folge eines Zufalls erscheint. Nur in roheren, wenig entwickelten Rechten wird zwischen That und Schuld nicht unterschieden, und dann freilich muste es dahin kommen, dass jeder Unglüksfall an dem Menschen, ja an dem Thier oder der leblosen Sache gestraft wurde, welche als Urheber oder Veranlasser bezeichnet werden konten (§. 27).

B. Der objective Thatbestand.

1. Hauptgattungen der Uebelthaten.

17. Die Einteilungen der Uebelthaten können sich im gemeinen Rechte nur auf den Inhalt derselben beziehen; und in diesem Sinne unterscheiden wir Verbrechen gegen den Staat, Privatverbrechen und Verbre-

---

20) In engerer Bedeutung verstand man sonst unter Corpus delicti nur den sichtbaren Gegenstand eines ausgeführten Verbrechens. Aber auch bei der weiteren Bedeutung ist man über den Umfang desjenigen, was zu dem subjectiven Thatbestande gehöre: ob nur die Thäterschaft an sich, oder auch die Zurechnungsfähigkeit des Thäters, nicht einig. Vgl. Stübel über den Thatbestand der Verbrechen. 1805.

chen ohne persönlichen Gegner, d. h. solche, welche entweder die kirchliche Ordnung, oder die guten Sitten, oder die polizeiliche Ordnung verlezen.

Die Landesgesezgebungen aber, namentlich die neuesten, haben die Uebelthaten wenigstens zunächst nach dem Grade ihrer Strafbarkeit eingeteilt. So z. B. unterscheidet schon das ältere bayerische, noch bestimmter aber fast alle neueren Strafgeseze:

eigentliche Verbrechen, crimes — welche in Frankreich durchweg mit entehrenden Strafen, in Bayern jezt mit Tod oder Zuchthaus, in Preussen wenigstens mit Zuchthaus oder mit mehr als fünfjähriger Freiheitstrafe bedroht sind;

Vergehen, délits — welche in Preussen mit einer mehr als sechswöchigen Freiheitstrafe oder mehr als fünfzig Thalern Geldstrafe, in Bayern mit Gefängnis oder mehr als 150 Gulden Geldstrafe bedrohet sind, während in Frankreich das Minimum des Gefängnisses bis auf sechs Tage, das der Geldstrafe bis auf sechzehn Franken herabgeht;

Uebertretungen, contraventions, d. h. alle geringer bestraften Uebelthaten.

Die Vorzüge dieser dreiteiligen Gliederung vor der früher üblichen einfachen Scheidung von schweren und leichten Verbrechen bewähren sich ganz besonders bei einer entsprechenden Dreiteilung des Strafverfahrens.

2. Die Nebenumstände des objectiven Thatbestandes.

18. Das zufällige Zusammentreffen von Umständen, welche zum Begrif einer bestimmten Uebelthat nicht wesentlich sind, kan dieselbe zu einer zusammengesezten, einer fortgesezten[21] oder einer qualificirten

21) Hälschner Strafrecht II S. 502,..514. — John die Lehre vom fortgesezten Verbrechen 1860.

machen. Im ersten Falle können verschiedene Strafbestimmungen zugleich auf dieselbe angewendet werden (§. 51), im zweiten und dritten pflegt eine gesteigerte Strafbarkeit einzutreten. So z. B. durch Zeit und Ort der Begehung, durch den Gegenstand des Verbrechens, die Person des Verlezten, die Art der Ausführung. Den Diebstahl bei Nacht behandeln fast alle Rechte, vom mosaischen an, strenger als den bei Tage; die an heiligen oder befriedeten Orten verübte Uebelthat wird schwerer gestraft, eben so die Beleidigung des Landesfürsten, des Beamten als solchen; der Diebstahl mit Einsteigen oder Einbrechen gilt fast überall als qualificirter.

Andererseits kan aber auch eine Minderung der objectiven Strafbarkeit durch Nebenumstände eintreten, z. B. durch Geringfügigkeit des verursachten Schadens, oder durch freiwillige Ausgleichung desselben vor eingetretener Strafverfolgung, seltener durch Zustimmung [22], Verzeihung oder Fürbitte des Verlezten.

3. Anfang der Strafbarkeit.

a. Der Versuch.

H. A. Zachariae die Lehre vom Versuche der Verbrechen. 1836. 1839. 2 Bde.

19. Zur objectiven Strafbarkeit einer Handlung gehört in der Regel eine vollendete Thatsache (delictum consummatum), d. h. eine von dem beabsichtigten Erfolge vollständig begleitete Widerrechtlichkeit. Ist durch zufällige Umstände dieser Erfolg nicht eingetreten, oder die Thätigkeit des Urhebers vorzeitig unterbrochen wor-

22) Der Grundsaz: »uolenti non fit iniuria«, kan im Strafrechte nicht gelten, wenn die Zustimmung des Verlezten vom Rechte nicht erlaubt wird; eben so wie im Privatrecht der Vertrag: »ne dolus praestetur« vor verübtem Dolus unwirksam ist.

den, so bleibt nur ein Versuch oder Conat der Uebelthat übrig, der sich weiter in den beendigten, den nahen und den entfernten einteilen läst.

Der Versuch ist ein beendigter, wenn unter gewöhnlichen Umständen dem Urheber gar nichts mehr zu thun übrig blieb, um die widerrechtliche Wirkung hervorzubringen. Er wird bei eigentlichen Verbrechen immer, bei Vergehen sehr häufig gestraft, aber nur selten so strenge wie das vollbrachte Verbrechen; völlige Gleichstellung mit dem lezteren pflegt nur beim Hochverrat und bei Majestätsverbrechen einzutreten[23]. Bei blofsen Uebertretungen ist er in der Regel straflos.

Zum nahen unbeendigten Versuch gehört der Anfang der eigentlich entscheidenden strafbaren Handlung.

b. Die Vorbereitung, die Ankündigung der Uebelthat.

20. Als entfernter Versuch sind diejenigen, das Verbrechen vorbereitenden Handlungen zu betrachten, die noch nicht als „Anfang der Ausführung" bezeichnet werden können. Trit aber dann der Urheber freiwillig von weiteren Schritten zurük, so kan diese Vorbereitung gar nicht mehr als Versuch bezeichnet werden. Die Strafe des vollendeten Verbrechens ist hier niemals anzuwenden; wohl aber können andere Strafen an ihre Stelle treten, entweder auf Grund specieller Geseze, oder wenn

---

23) Sonst pflegt statt der Todesstrafe die schwerste Freiheitstrafe, mindestens von 15 oder 20 Jahren, einzutreten. Nur das neue bayerische Strafgesez art. 49 hält im Allgemeinen an der Strafe des vollendeten Verbrechens fest, jedoch mit der Ermächtigung für den Richter, eine Milderung zu gewähren, so dass er statt der Todesstrafe bis auf achtjähriges Zuchthaus herabgehen darf. Dem richterlichen Ermessen hatte schon die Peinliche Gerichtsordnung art. 178 die Ermäfsigung der Strafe beim Versuch ganz überlassen wollen.

in der Vorbereitung schon eine selbständige Uebelthat enthalten ist, z. B. Entwendung von Waffen zum Zwek eines Aufruhrs u. s. w.

So kan denn auch die blofse Willenserklärung, ein Verbrechen zu begehen, strafbar werden, wenn ihr eigene strafbare Zwecke zum Grunde liegen, wie bei den s. g. Brandbriefen, im älteren deutschen Rechte beim Landzwang[24]; ferner auch, wenn in der Form der Drohung eine Nötigung zur Ausführung enthalten ist, z. B. beim Complot und der Verschwörung (§. 26).

4. Ende der Strafbarkeit. Die Strafverjährung.

21. Der entscheidendste Einfluss auf die Strafbarkeit der Handlung ist in den neueren Gesezen dem Zeitablauf seit ihrer Begehung eingeräumt worden. Schon das Altertum strafte den sogleich ertappten Dieb (fur manifestus) viel schwerer, als den später Ueberführten; aber die eigentliche Verjährung war doch früher nur ein Institut des Strafprocesses, nicht des materiellen Strafrechts, d. h. sie schloss nicht die Strafbarkeit an sich, sondern nur die Strafverfolgung aus. Jezt müssen wir, im Geiste der neueren Gesezgebung, die Fragen theilen. Denn es giebt jezt 1) eine materielle, s. g. Verjährung der Uebelthat, die erst in den allerneuesten Gesezen wieder auf den richtigeren Standpunct einer Processverjährung zurükversezt ist; 2) eine strafmildernde Verjährung, zu der insbesondere auch die Rükfallsverjährung (§. 31) gehört, und 3) eine Urtelsverjährung, welche die Vollstreckung bereits zuerkanter Strafen oder ihrer Folgen verhindert, und daher ganz in den Strafprocess gehört.

---

24) s. unten §. 58. So strafte das römische Recht den in Arabien üblichen Skopelismus. fr. 9 de Extraord. criminib. (Dig. 47, 11.)

22. Die Fristen der materiellen Strafverjährung sind von sehr ungleicher Länge; allgemein aber sind sie länger bei schweren, kürzer bei leichten Vergehen, besonders kürzer auch bei denjenigen, die nur auf Antrag des Verlezten verfolgt werden dürfen. Das römische Recht hatte die regelmäfsige Frist zu zwanzig Jahren bestimmt; in besonderen Fällen genügten ihm ein oder fünf Jahre. Das neueste preussische Recht kennt Fristen von drei Monaten bis zu dreissig Jahren, das österreichische von drei Monaten bis zu zwanzig Jahren, das bayrische von drei oder sechs Monaten bis zu zwei, fünf, zwanzig Jahren, das sächsische von einem und von fünfzehn, das französische von ein, drei und zehn Jahren.

23. Hindernisse der Criminalverjährung sind: 1) nach den meisten deutschen Gesezen die Unverjährbarkeit gewisser Verbrechen, nämlich der mit dem Tode oder mit lebenslänglichem Zuchthaus bedroheten[25]. Preussen und Frankreich kennen diese Ausnahme gar nicht; in einigen Ländern ist statt der Verjährung wenigstens eine Strafmilderung verheissen.

2) Jede Einleitung einer Untersuchung wegen des fraglichen Verbrechens, nach manchen Gesezen auch dann, wenn sie nicht gerade gegen die Person des wahren Thäters gerichtet ist. Bleibt aber die Untersuchung liegen, so darf nach den meisten Strafgesezen nun eine neue Verjährung beginnen; Oesterreich wie früher auch Bayern hat diese neue Verjährung ganz ausgeschlossen.

3) Auch ein späteres rechtswidriges Benehmen des Verbrechers kan die Verjährung aufheben. Das österreichische, bayrische und ältere preussische Recht fordern ganz allgemein eine gute Aufführung desselben während der ganzen Verjährungszeit[26]; anderswo würde nur etwa

25) Sächsisches Strafgesezbuch art. 110.

26) Oesterr. Strafgesezb. §. 229. 531. Bayer. Strafgesez art. 96. Preuss. Crim. Ordnung von 1805 §. 598.

die fortgesezte Begehung gleichartiger Verbrechen oder die Flucht des Inculpaten nach eingeleiteter Untersuchung[27] die Verjährung ausschliessen.

24. Die Wirkung der materiellen Strafverjährung kan nicht darin gesezt werden, dass die strafbare Handlung als gar nicht existirend zu behandeln sei, sondern nur darin, dass ihr die Eigenschaft der Strafbarkeit entzogen wird. Komt es also nur darauf an, den allgemeinen Character eines Inculpaten aus seiner früheren Lebensweise mittels s. g. Leumundserforschungen zu erkennen, so dürfen auch die früher strafbar gewesenen Handlungen desselben nicht unberüksichtiget bleiben, obwohl sie der Strafverfolgung bereits entzogen sind. Eben so wenig kan die Criminalverjährung den civilrechtlichen Ansprüchen aus der begangenen Uebelthat entgegengesezt werden.

C. Der subjective Thatbestand.

1. Verhältnis des Thäters zur That. Mitthäterschaft.

25. Als Causalverbindung zwischen Thäter und That ist ein vierfaches persönliches Verhältnis denkbar: die directe oder eigentliche Thäterschaft, die Urheberschaft, die Beihülfe und die Begünstigung. Der Thäter muss das Verbrechen persönlich vollbracht haben; bloſser Urheber oder Anstifter (auctor) ist, wer den Thäter zur That bestimmt. Die Beihülfe kan eine gleichzeitige oder vorausgehende, eine positive oder Nichtverhinderung sein; die Begünstigung trit hauptsächlich erst nach begangenem Verbrechen ein, entweder durch Nichtanzeige, oder durch Hülfleistungen bei Benuzung

---

27) Preuss. Strafgesez §. 47. Die meisten Strafgeseze erwähnen jedoch diese Fälle gar nicht. vgl. übrigens Hälschner II, §. 153...156.

der verübten That. Beihülfe und Begünstigung aber werden zur Miturheberschaft, wenn ohne sie das Verbrechen nicht begangen worden wäre; sonst gehören sie zu den blos accessorischen Delicten, deren Bestrafung jedoch nicht durch die Ermittelung und Bestrafung des Hauptthäters bedingt ist.

26. Diese Grundverhältnisse können aber besonders noch durch das der Mitthäterschaft (societas delicti) modificirt werden, welche weiter in die einfache und in die voraus verabredete oder das Complot zu zerlegen ist.

Für den Begrif der einfachen oder blos factischen Mitthäterschaft ist es gleichgültig, ob die Thäter sich gleichartiger oder ungleichartiger Handlungen schuldig gemacht, wenn sie nur die lezteren als wesentliche Theile ihrer gemeinsamen That betrachten musten, z. B. das Halten der Leiter beim Einbruch, der Laterne beim nächtlichen Diebstahl. Fehlt es an dieser Voraussezung, so erscheint der Eine als Thäter, der andere als Gehülfe.

Das Complot (comploit, von complex, wie loi, toit, exploit) und die Verschwörung (coniuratio) besteht in der vorausgegangenen Verabredung des gemeinsam auszuführenden Verbrechens. Dabei macht auch schon die stillschweigende Unterwerfung unter einen gemeinsamen Leiter, Diesen zum Rädelsführer (dux criminis); und wenn die Vereinigung über einzelne bestimmte Fälle hinausreicht, so werden die Verbündeten zur Bande.

Es liegt in der Natur der Sache, dass solche Vereinigungen schon durch den Zwang, den sie dem Einzelen auflegen, und durch die gesteigerte Gefahr für die rechtliche Ordnung, auch die Strafbarkeit der Beteiligten erhöhen müssen.

Dagegen folgt aus gleicher Thätigkeit der Mitschuldigen nicht notwendig gleiche Strafbarkeit, weil bei jedem von ihnen der strafbare Wille und die Zurechnungsfähigkeit verschiedener Grade fähig ist.

Die fingirte Mitschuld der Nachkommen, der Haus- oder Ortsgenossen des eigentlichen Thäters, gehört zu den jezt ziemlich vergessenen Entartungen älterer Strafrechte[28].

2. Der strafbare Wille.

a. Arten des dolus. Culpa.

27. In der Zurükführung des rechtswidrigen Ereignisses auf die Gesinnung des Urhebers liegt das eigentlich sittliche Moment des Strafrechts. Das rohere Recht verzichtet auf die Möglichkeit einer genaueren Abwägung dieser sittlichen Momente; ja mitunter straft es das rechtswidrige Resultat, wenn es rein zufällig eintrat, auch am Thier, an leblosen Dingen. So schon im mosaischen Rechte[29]; aber auch noch im Mittelalter wurden die Mäuse, Heuschrecken u. s. w. mit dem Kirchenbanne belegt, das Schwein, das ein Kind getödtet, gehängt. Freilich waren dies immer nur Ausnahmen von der Regel, die in solchen Fällen nur den Schadenersaz in Form des Wergeldes, nicht aber die eigentliche Strafverfolgung gestattete[30]; und nur zu diesem Zwecke sind noch in sehr neuer Zeit in England Dampfmaschinen des Todtschlags schuldig erklärt worden.

Je mehr aber die subjective Strafbarkeit, die Schuld, berüksichtiget wird, um so bedeutender wird die Frage von der Imputabilität der Uebelthat, und von der persönlichen Zurechnungsfähigkeit ihres Urhebers.

Diese Frage ist in einigen Strafgesezen aus der er-

---

28) vgl. Lex Burgundionum Gundebati tit. 47.

29) II Mos. 21, 28: »Wenn ein Ochse einen Mann ... stöfst, dass er stirbt, so soll man den Ochsen steinigen, und sein Fleisch nicht essen.« — Lex Langob. Rothar. cap. 326.

30) Lex Langob. Rothar. cap. 75. 138. 144. 145. 326. 387. — Wilda Strafrecht der Germanen S. 146. 544 ff. 559 ff.

sten Hälfte dieses Jahrhunderts mit gröfserer Ausführlichkeit behandelt worden, als in den späteren; das französische und das neue Preussische Strafgesez schweigen fast ganz darüber.

28. Man unterscheidet im Strafrechte, wie im Privatrechte (Bd. II §. 57...59) den Vorsaz (dolus), die Fahrlässigkeit (culpa) und die Schuldlosigkeit des Handelnden. Zum Verbrechen ist Dolus unerläslich, zum Vergehen kan nach Umständen auch Fahrlässigkeit genügen, Uebertretungen sind mitunter auch von dem ganz schuldlosen Urheber zu büfsen. Die allgemeinen gesezlichen Bestimmungen lauten darüber sehr verschieden[31]; um so dringender bedarf es bei jeder einzelen Uebelthat einer bestimmteren Erklärung des Gesezes über das, was es in dieser Hinsicht verlange. Weiter geht die Terminologie der neueren Criminalisten, welche seit Feuerbach einen dreifachen strafrechtlichen Dolus unterschieden:

dolus determinatus oder directus,
dolus indeterminatus oder indirectus, impetus,
und culpa dolo determinata.

Dolus determinatus (Vorsaz) solte denjenigen Willen bezeichnen, welcher bestimmt auf die Begehung des wirklich vollbrachten oder versuchten Verbrechens gerichtet war;

Dolus indeterminatus denjenigen, der zwar mehrere mögliche Rechtsverlezungen einer bestimmten Gattung, nicht aber ganz bestimmt diejenige, welche erfolgt ist, bezwekte;

Culpa dolo determinata diejenigen Versehen, welche bei der Ausführung einer Uebelthat zu anderweitigen Rechtsverlezungen geführt haben.

---

31) Braunschweig. Strafgesez §. 26. Sächs. StrafG. art. 46...49. Bayrisches StrG. art. 67...70, und Polizeistrafgesez art. 19.

Gegen diesen dritten, von Feuerbach erfundenen Ausdruk ist freilich sprachlich sehr viel einzuwenden. Sachlich aber steht so viel fest, dass wer einmal einen strafbaren Zweck verfolgt, auch sogar die rein zufälligen Folgen seiner Thätigkeit verantworten muss, selbst wenn sie seine Hauptabsicht vereitelt haben; z. B. wenn das für einen Dritten bereitete Gift einen naschhaften Hausgenossen tödtet. Nur der Grad seiner Strafbarkeit bleibt nach Verschiedenheit der Nebenumstände sehr ungleich.

b. Modificationen der Zurechnungsfähigkeit.

1. Aufhebung derselben.

29. Es giebt Zustände, welche nach Ansicht der Geseze die strafbare Gesinnung ganz ausschliessen, andere, welche sie mildern oder steigern können.

In die erste Classe gehört vor Allem das Kindesalter. Erst mit der Pubertät[32], nach neueren Gesezen mit dem zwölften[33], nach andern[34] mit dem sechzehnten Jahre trit die volle Zurechnungsfähigkeit als Regel ein; doch soll auch früher schon, nach dem Grundsaz „malitia supplet aetatem" (II, §. 16) das Unterscheidungsvermögen (discernement) des jugendlichen Verbrechers näher geprüft werden, wogegen aber auch noch über jene Jahre hinaus, zum Theil bis zum 21sten[35], die Jugend zum Milderungsgrunde der Strafe werden kan.

Auch der vollkommene Blödsinn oder eine erwiesene temporäre Vernichtung alles Bewustseins kan die Zurechnungsfähigkeit des Thäters gänzlich aufheben.

---

32) Braunschw. Strafgesez §. 30. Sachsen art. 87.

33) Hannov. Strafgesez art. 83.

34) Preuss. Strafgesez §. 43. Hannov. art. 99. Bayern art. 76. Code pénal art. 66.

35) Braunschweig §. 60. Hannover art. 99...101. Bayern art. 77...82.

Sodann muss die Notwehr, wenn sie die Grenzen der notwendigen Selbstverteidigung nicht überschritten hat, die Strafbarkeit der Handlung aufheben.

Endlich sind auch juristische Personen nicht zurechnungsfähig, indem die Strafbarkeit ihrer Handlungen an den einzelnen Mitgliedern oder Vorstehern derselben haftet.

2. Subjective Milderungsgründe.

30. Für eine an sich vorhandene Zurechnungsfähigkeit können, als subjective Milderungsgründe, nächst der Jugend (§. 29) auch noch momentane Störungen der Willensfreiheit berüksichtigt werden, namentlich plözliche Gefahr, Hunger und Not, Scham, gerechter Zorn, geistige Krankheit, bei einigen Vergehen auch unverschuldete oder entschuldbare Trunkenheit [36].

Gegen den Anfang dieses Jahrhunderts hatten Aerzte, Philosophen und Defensoren es für erlaubt gehalten, fast bei jedem Verbrechen eine geistige Krankheit des Verbrechers, eine Monomanie, zu vermuten; und die Diebsgelüste der Schwangeren, die Feuerlust oder Pyromanie in den Jahren geschlechtlicher Entwickelung, galten sogar für ausgemachte, feststehende Milderungsgründe. Jezt wird man sich höchstens unter ganz concreten Umständen darauf berufen dürfen [37].

3. Subjective Schärfungsgründe.

31. Unter den subjectiven Schärfungsgründen stehen diejenigen obenan, bei welchen die Böswilligkeit des

---

36) Vollständige Trunkenheit würde zwar die Möglichkeit eines Dolus, nicht aber die vorausgegangene Culpa aufheben; und wer sich durch berauschende Getränke in die zum Verbrechen nötige Stimmung versezen wolte, erscheint unter allen Umständen auch als doloser Verbrecher.

37) So nach dem Preuss. Justizministerialrescr. v. 30. Nov. 1851.

Thäters, die Intensivität seines rechtswidrigen Willens klarer hervortrit[38]. Dahin gehört vor Allem die Wiederholung der Uebelthat durch denselben Thäter. Sie kan eintreten:

1) Bei habitueller Begehung, und als strafbares Gewerbe, welches namentlich bei dem s. g. Gewohnheitswucher, bei der Hehlerei und Gaunerei die Strafbarkeit der einzelen zu dem Complexe gehörigen Delicte erhöhet[39];

2) durch Rükfälligkeit des bereits bestraften Verbrechers[40]. Dazu bedarf es aber in der Regel eines gleichartigen zweiten Delicts[40], in Preussen überdies der vorausgegangenen Verurteilung durch einen preussischen Gerichtshof[42].

Die älteste Folge des Rükfalls war meist die Verdoppelung der Strafe[43]; jezt sind die Bestimmungen darüber sehr ungleich[44]. Den zweimal rükfälligen Dieb bedroheten die Capitularien und die peinliche Gerichts-

---

38) Zum Theil wird diese Intensivität auch aus den objectiven Nebenumständen sich erkennen lassen. So heifst der Diebstahl, »dazu gebrochen oder gestiegen wirdt« in der Peinlichen Gerichtsordnung art. 159 »ein geflissener geverlicher Diebstall«, nicht weil er mit Gefahren für den Bestohlenen verbunden ist, sondern weil er mit grösserer geverlicheyt, d. h. Geflissenheit verübt wurde art. 88. 167. 219.

39) Dieser Fall ist nicht zu verwechseln mit der oben (§. 18) erwähnten fortgesezten Uebelthat. Hälschner II, S. 417...430.

40) Vgl. besonders Bayer. Strafgesez art. 111...117.

41) Nur dem Code pénal art. 56...58 genügen auch ungleichartige Delicte für den Begrif des Rükfalles.

42) Preuss. Strafgesez §. 58. Wohin würde es führen, wenn kleine Sedezstaaten diesem Beispiel folgen wolten?

43) fr. 8. §. 7 de Poenis (Dig. 48, 19).

44) vgl. namentlich Sächs. StrGes. art. 82...85. Sachsen-Altenburg 58. 240. Hannover 112. Code pénal 56...58.

ordnung mit dem Tode[45]; auch neuere Geseze strafen den dritten Diebstahl noch mit besonderen Schärfungen[46].

Diese Schärfungen sind jedoch oft durch die neu erfundene[47] Rükfallsverjährung begrenzt, die erst mit dem Ende der ersten Strafzeit beginnen soll, aber auch wohl bis zum zweiten Strafurteil, nicht blos bis zur Wiederholung der That fortlaufen darf. Die Fristen dieser Verjährung sind meist dieselben, wie bei der einfachen Strafverjährung[48]; in Preussen sind es immer zehn Jahre, in Sachsen fünf, in Thüringen (art. 73. 74) die der Urtelsverjährung, d. h. bald fünf, bald fünfzehn Jahre.

32. Auch die persönlichen Beziehungen des Uebelthäters zu dem Verlezten, namentlich eine nahe Verwandschaft und die Hausgenossenschaft, kan in einzelen Fällen zum Schärfungsgrunde werden. Sie steigert die Strafe des Todtschlags an Verwandten, und des vom Hausgesinde oder von Arbeitsgehülfen verübten Diebstahls, vor Allem nach französischem Rechte, welches in sehr harter Weise unbedingt die Zuchthausstrafe dafür vorschreibt[49].

45) Capitulare Caroli M. a. 779 c. 23. PGO. art. 162.

46) Preuss. Strafgesez §. 219. 240. Gesez v. 9. März 1853. s. unten §. 92.

47) Das preussische Strafgesez §. 233 schliest sie beim Raube ganz aus; das bayrische kennt sie nur bei geringeren Uebelthaten.

48) Oben §. 22. Nur das hannoversche Strafgesez, welches den Rükfall auch nur im Allgemeinen mit härterer Strafe bedrohet (Note 44), kennt keine bestimmte Fristen dieser Verjährung (art. 113).

49) Code pénal art. 386 num. 3. Vgl. Preuss. Strafgesez §. 217 num. 4. Unten §. 93.

III. Die Strafe.

A. Uebersicht.

33. Zerlegen wir die verschiedenen möglichen Uebel, welche als Strafe rechtlich anwendbar sind, in ihre einfachen Elemente, so zerfallen sie in fünf Gattungen:

Vermögensstrafen,
Politische, namentlich Ehrenstrafen,
Freiheitstrafen,
Körperstrafen,
Lebensstrafen.

Aber nur selten bleiben diese Strafelemente ganz von einander gesondert; denn Einige erscheinen fast nur als Zugaben oder als Folgen der Anderen, und auch die selbständigen Strafen werden nicht selten combinirt oder einander substituirt. So haben wir also die selbständigen Strafen von den Strafzugaben, den Straffolgen und Strafsurrogaten zu trennen, schliesslich aber auch die Concurrenz der Strafen besonders zu betrachten.

Selbständig sind in den neueren Strafgesezen nur die Vermögens-, die Freiheits- und die Lebensstrafen, accessorisch meistens die politischen und die Körperstrafen; und die abweichenden Strafsysteme früherer Zeiten können uns nicht hindern, sie hier nach diesem Gesichtspuncte zu sondern.

B. Selbständige Strafen.

1. Die Vermögensstrafen.

34. Die Geldstrafe, die mildeste von Allen, wird auch Geldbufse (Besserung, emendatio, amende) genant, zumal wenn sie nur in geringeren Summen besteht. In dem s. g. Compositionensystem des altgermanischen Rechts, und in dem, zunächst der Blutrache und der

Friedlosigkeit vorbeugenden Wergelde[50], umfassen diese Bufsen bei Weitem den grösten Theil aller Strafen.

35. Die Gröfse der Geldstrafe kan frei bestimmt sein, sie kan nach der Gröfse des Vergehens oder dem Vermögen des Schuldigen berechnet werden. Aber auch bei jener ersten Classe ist eine gewisse Relativität, eine Bemessung der Summe nach den concreten Umständen nicht ausgeschlossen, insofern dem richterlichen Ermessen nur ein Maximum und ein Minimum als Grenze gesezt zu sein pflegt[51].

Wenn die relativ bestimmte Geldbufse sich nach dem Belauf des verursachten Schadens richtet, so kan sie nach unserem gemeinen Rechte mitunter bis zum vierfachen, nach dem mosaischen bis zum fünffachen[52], nach dem sächsischen zum zehnfachen Betrage gesteigert werden[52].

Wirksamer freilich, namentlich dem Reichen gegenüber, erscheint die Berechnung der Geldstrafe nach dem Vermögen des Schuldigen. Daher ward in Rom nicht

---

50) S. oben §. 12. Wilda Strafrecht der Germanen Th. I S. 366 ff. — Wirgild bedeutet immer die Mannbufse, die Menschentaxe; der oft behauptete Unterschied zwischen Wirgild und Widrigild ist durchaus irrig.

51) Die äussersten Grenzen der gesezlich bestimmten Strafen sind in Preussen 10 Silbergroschen und 1000 Thaler; die Strafandrohungen der Verwaltungsbehörden dürfen auf 1 und 5 Silbergroschen, höchstens auf 10 Thaler lauten. In Hannover ist das Maximum 500 Thaler, in Bayern und Württemberg 1000 Gulden, in Sachsen 5000 Thaler. vgl. Preuss. Strafgesez §. 335. 17. 110. Gesez über die Polizeiverwaltung vom 11. März 1850. §. 5. Feldpolizeiordnung v. 1. Nov. 1847. Königl. Verordnung v. 20. Juni 1835. — Der Code pénal (art. 466. 418. 420) gestattet Strafen von einem Franken bis zu 20,000 Franken.

52) Exodus XXII, 1. Sächsisches Strafgesezbuch art. 341.

selten die Hälfte, einmal auch ein Drittel[53] seines Vermögens der Confiscation unterworfen, während neuere Strafgeseze höchstens noch die Confiscation des ganzen Vermögens, und auch diese meist nur in Verbindung mit der Todesstrafe kennen. In dieser lezten Anwendung aber muste einerseits der Verdacht einer Parteilichkeit für die fiscalischen Interessen, und andererseits die unverschuldete Hülflosigkeit der Familie des Verbrechers[54] ein so gehässiges Licht auf die Vermögensconfiscation werfen, dass die neueste deutsche Gesezgebung ihr einstimmig, bald ausdrüklich bald stillschweigend, ganz entsagt hat[55].

Anders das französische Recht[56]; es ist bei politischen Vergehen der Vermögensconfiscation in Verbindung mit der Todesstrafe noch sehr geneigt, hat aber den Descendenten des Schuldigen wenigstens die Hälfte ihres Pflichtteils (II, §. 516) vorbehalten.

Ganz verschieden, und überall anwendbar ist die specielle Confiscation der Werkzeuge, der Gegenstände oder Resultate einzelner strafbarer Handlungen. Sie bildet eine blofse Zugabe zu der eigentlichen Strafe, nur nicht so allgemein, wie die Erstattung der Prozesskosten aus dem Vermögen des Verurteilten.

2. Die Freiheitstrafen.

36. Die Freiheitstrafen im weiteren Sinne können negativer und positiver Art sein, denn auch das Verbot

---

53) const. 6 Theod. Cod. de Sepulcro uiolato (9, 17). Bei den Ostgoten ward dieses Drittel auf ein Viertel reducirt: Edictum Theodorici cap. 111.

54) Die Peinliche GO. 218 a. e. hatte deshalb die wilkürliche Anwendung derselben »ausserhalb des lasters der beleidigten Majestet oder sunst inn andern fellen, so der übelthetter leib und gut verwirkt«, ausdrüklich verboten.

55) Zuerst in Oesterreich 1803, und in Bayern 1813.

56) Code pénal art. 75...97. 38.

des Aufenthalts an gewissen Orten, die Orts- und Landesausweisung (Interdict oder Relegation in d i e s e m Sinne) ist mit dahin zu rechnen. Indessen wird dieselbe jezt mehr für polizeiliche als für strafrechtliche Zweke, oder doch nur als Zugabe zu anderen Strafen, und nur gegen Ausländer angewendet [57].

Unter den positiven Freiheitstrafen ist die C o n f i n a t i o n oder B e g r e n z u n g a u f b e s t i m m t e B e z i r k e in Deutschland die mildeste, aber auch die seltenste; sie findet sich bei uns fast nur in Verbindung mit amtlicher Beaufsichtigung. Wird sie zum Festungsaufenthalt gesteigert, so kan auch die intermittirende Einschliessung in ein Gebäude hinzukommen [58].

Anders im alten Rom, wo die r e l e g a t i o i n i n s u l a m und mehr noch die D e p o r t a t i o n, eben so wie jezt in England und Frankreich, zu den schwersten Strafen zu rechnen ist [59].

37. Ein Arrest-G e b ä u d e, als Straf a n s t a l t, ist unerläslich bei der eigentlichen Gefängnisstrafe, welche weiter in die e i n f a c h e H a f t und in die S t r a f a r b e i t zerfält. Beide Arten haben aber ihre untergeordneten Gattungen und Grade, zum Theil mit sehr schwankenden Grenzen. Der mildeste Grad der einfachen Haft heist in Oesterreich und Bayern A r r e s t [60], anderswo b ü r g e r-

57) Braunschw. 23. Hannov. 30. Preuss. 29. Württemb. 45. Bayern 38. 43. 148. In Oesterreich §. 249 heist sie A b s c h a f f u n g.

58) Das württemb. Strafgesez art. 24 erklärt dies für wesentlich bei dem Festungsarrest, der sich jedoch von der Festungstrafgefangenschaft durchaus unterscheiden soll (art. 19). In vielen Gesezen ist die Festungshaft zu einem mildernden Strafsurrogat gemacht worden. S. unten §. 52.

59) v. H o l t z e n d o r f f die Deportation als Strafmittel alter und neuer Zeit 1859.

60) Bayern art. 17...25. In Oesterreich §. 246 giebt es auch einen H a u s a r r e s t als Strafe.

liches Gefängnis; ein mittlerer Grad kan mit aufgenötigter angemessener Beschäftigung[61], der strengste mit Einsamkeit, periodischer Entziehung des Lichts, mit härterem Lager oder geschmälerter Kost (§. 50) verbunden werden[62].

Auch die Zwangsarbeit pflegt drei Grade zu umfassen: Kettenstrafe, Zuchthaus, Arbeitshaus; in Preussen ist neuerdings auch eine Beschäftigung ausser der Strafanstalt, in Privatwohnungen und auf Aeckern, gestattet worden. Dagegen gilt die Zwangsarbeit an öffentlichen Orten, wie z. B. Baugefangenschaft, Festungs- und Strafsenarbeit, in Oesterreich der Galeerendienst und früher das Schifziehen, meist als geschärfte Zwangsarbeit. Ueberall pflegt mit der Zwangsarbeit auch eine besondere Sträflingskleidung verbunden zu sein; die in Toscana erst kürzlich beseitigte Maasregel aber, den schwersten Verbrechern bei der Strafsenarbeit die Angabe ihres Verbrechens auf die Kleider zu heften, wird hoffentlich keine weitere Nachahmung finden.

38. Als eine besondere Modification, sowohl der Strafhaft als der Strafarbeit, ist noch die Absonderung oder Einzelhaft der Sträflinge zu erwähnen: eine sittliche Wohlthat, weil sie allein der furchtbaren moralischen Anstekung zu wehren im Stande ist, welche die Gefängnisse zu den eigentlichen Pflanzschulen des Verbrechens macht; aber doch für manchen Sträfling

---

61) Correctionshausstrafe: Code pénal 41. 42. Hessen 10. Frankfurt 10. Nassau 9.

62) Oesterreich 244...258. Hannover 21. — Den s. g. Dunkelarrest gestattet das württembergische Strafgesez art. 16 nur bei der Arbeitshausstrafe, und nur dreimal im Jahre auf höchstens acht Tage. In Preussen, wo früher gegen Soldaten der s. g. Lattenarrest eintreten konnte, sind jezt alle ähnliche Schärfungen hinweggefallen.

auch eine entschiedene Schärfung seiner Strafe, die nur durch kürzere Dauer derselben auszugleichen ist[63].

Unter den verschiedenen Methoden ihrer Ausführung sind zwei americanische Cellularsysteme die bekantesten: das von Philadelphia und das von Auburn, einer Stadt im Freistaat Newyork. Jenes fordert absolute Einsamkeit bei Tag und Nacht, dieses nur einsames Nachtlager und strenges Stillschweigen bei gemeinsamer Arbeit[64]. An beide knüpfen sich schwierige architectonische Aufgaben, deren Lösung der Baukunst unserer Tage Ehre gemacht hat; die damit verbundenen Kosten aber werden die allgemeinere Ausbreitung solcher Institute ohne die Hülfe freier christlicher Vereinsthätigkeit unmöglich machen. Von der weltlichen Obrigkeit soll man zunächst nur die gehörige Absonderung der weiblichen und der jugendlichen Sträflinge fordern, sowie vor Allem, dass der vorläufig verhaftete Inculpat nicht mit dem verurteilten Sträfling vermengt werde[65]; leider bleibt freilich auch darin noch sehr viel zu wünschen übrig. Nur vergesse man nicht, dass die Ungestraften es sind, denen die Kosten der Strafhäuser fast ausschliessend zur Last fal-

63) Vgl. Oesterr. Gesezbuch v. 1803 Th. I. §. 14 a. E. — Das württembergische Strafgesez art. 25 will sie nur in Abwechslung mit dem gewöhnlichen Gefängnis, nicht über dreimal im Jahre und höchstens 14 Tage ohne Unterbrechung gestatten, dann aber für die doppelte Strafzeit gelten lassen.

64) Ausser den älteren Werken von Julius (1828. 1837), Tocqueville (du système pénitentiaire aux états unis. 833, deutsch v. Julius) und Tellkampf (1844) gehören hierher besonders die Jahrbücher der Gefängniskunde, von Julius, Nöllner und Varrentrap 842..48. 11 Bde. vgl. Mittermaier's Note zu Feuerbach §. 149.

65) Vgl. PGO. art. 11. Code d'instr. crim. 603...605. Preuss. Strafgesez 43 num. 4. Das Weitere darüber gehört in den Strafprocess.

len, und dass ein vermeintes Recht des Sträflings auf eine untadelhafte Wohnung den Armen nicht gar zu dem Wunsche verleiten darf, seine Existenz durch die verwirkte Freiheitstrafe zu verbessern.

39. Die Dauer der Strafhaft ist in den meisten neueren Gesezen ungefähr so bestimmt worden:

Einfache Strafhaft soll wenigstens 24 Stunden, längstens 6 Monate bis 5 Jahre dauern;

Einfache Zwangsarbeit wenigstens 2 Wochen oder 2, 4 Monate, höchstens 6 oder 10 Jahre;

Zeitiges Zuchthaus mindestens ½, 1, 2, 4 Jahre, höchstens 15, 20, 25, 30 Jahre[66].

Lebenslänglich darf nur Zuchthaus, mitunter nur Kerker- oder Kettenstrafe sein.

3. Die Todesstrafe.

Mittermaier die Todesstrafe nach den Ergebnissen der wissenschaftlichen Forschungen, der Fortschritte der Gesezgebung und der Erfahrungen 1862.

a. Gründe der Todesstrafe.

40. Die wesentliche Verschiedenheit der Todesstrafe von allen übrigen Strafübeln ist so einleuchtend, dass der Widerspruch, welcher seit Beccaria so häufig gegen dieselbe erhoben wurde[67], uns weniger wundern darf, als die Seltenheit ähnlicher Anstände in allen frü-

---

66) Vgl. Sachsen 32. Thüringen 10. In Preussen ist die geringste Zuchthausstrafe zweijährig (Einführungsgesez art. IX); dagegen kan auch die Einschliessung auf 20, und wegen Rükfalls die einfache Strafhaft auf 10 Jahre gesteigert werden (Strafgesez §. 13. 57. 58), leztere jedoch als Surrogat von Geldstrafen nur bis auf 4 Jahre (§. 17). 4 Monat Zuchthaus gelten aber so viel als 6 Monat Gefängnis, und als 9 Monat Einschliessung (§. 16).

67) Oben S. 12. — Böhmer Literatur d Criminalr. 816. S. 647 ff.

heren Jahrhunderten. Denn wenn auch die christliche Kirche erklärte: „ecclesia abhorret a sanguine", so machte doch auch sie der weltlichen Obrigkeit nur den Misbrauch der Todesstrafen streitig, ja in Rom trugen Innocenz IV (1243) und seine Nachfolger kein Bedenken, die grausamen Kezergeseze Friedrichs II vom J. 1238 [68] „ad dei gloriam" ausdrüklich zu bestätigen [69].

Auf der anderen Seite werden die Versuche, die Todesstrafe mit Ausnahme des Kriegs- oder Standrechtes ganz abzuschaffen, sich wohl vorerst nicht wiederholen, nachdem das Verbot derselben in den deutschen Grundrechten [70] sich eben so unhaltbar erwiesen hat, als früher nach Peter Leopold's (1786) und Joseph's II Gesezgebung (1787 bis 1803) in Toscana und in Oesterreich. Man wird sich mehr und mehr in der Ueberzeugung vereinigen, dass es nicht die Todesstrafe an sich, sondern der Misbrauch derselben ist, den man als unsittlich und unchristlich bekämpfen soll.

41. Die Formeln, nach welchen die Rechtmäfsigkeit der Todesstrafe sich bestimmen soll, werden aber natürlich verschieden lauten, je nachdem man diese oder jene Strafrechtstheorie (§. 9...15) für die richtige hält; und einigermaassen wird sich eben darin auch die Probe für die Richtigkeit jener Theorien finden lassen. Daraus folgt jedoch nicht, dass es auch eine einzige erschöpfende Formel für jene Frage geben müsse: gewiss ist, dass Keiner sie bisher gefunden hat.

---

68) Pertz monumenta germaniae, legum T. II. p. 326...29.

69) Biener Gesch. des Inquisitionsprocesses S. 61. 62. — cap. 18...20 de Hereticis in VI° (5, 2).

70) Deutsche Grundrechte vom 27. Dec. 1848 §. 9, jezt nur noch wiederholt in dem nassauischen Strafgesezbuch art. 7 und in einigen thüringischen Staaten, nach art. 6 des thüring. Strafgesezbuchs.

Am leichtesten rechtfertiget sich die Todesstrafe bei dem vorsäzlichen Morde; hier erscheint sie der göttlichen Weltordnung (§. 13) gemäs, wenn uns die Worte der heiligen Schrift: „wer Menschenblut vergiesset, dess Blut soll auch durch Menschen vergossen werden“ [71], als Offenbarung des göttlichen Willens gelten. Daher finden wir in diesem Puncte auch die gröste Uebereinstimmung in allen Strafgesezen.

Fast alle Gesezgebungen gehen jedoch weiter, indem sie die Todesstrafe auch für solche Tödtungen androhen, welche bei schweren, namentlich bei gemeingefährlichen Verbrechen, als Folge eines indirecten Dolus (§. 28) eingetreten sind. So bei Meineid [72], Raub [73], bei der Brandstiftung [74], Strandung [75], der absichtlichen Beschädigung von Deichen oder Eisenbahnen [76]; während unbegreiflicher Weise derselbe Erfolg bei gewaltsamen Verlezungen der Schamhaftigkeit nur selten mit der Todesstrafe bedrohet wird [77].

42. Dass man allgemein davon zurükgekommen ist, den Diebstahl und die Fälschung mit dem Tode zu bestrafen, kan Niemanden befremden. In England ist dies

71) I Mos. 3, 6. II Mos. 21, 12. III Mos. 24, 17. vgl. Michaelis mosaisches Recht Th. VI. §. 274.

72) Sächs. Strafges. 223. Braunschw. 135. Hannov. 211 Württemb. 229. Hessen 239. Baden 489.

73) Sächs. Strafgesez art. 177.

74) Sächs. Strafgesez 209. Preuss. 285.

75) Preuss. Strafgesez 302. 303.

76) Preuss. Strafgesez 290. 294.

77) Vgl. Sächs. Strafgesez 185. Preuss. 144. Württemb. 295. Hannov. 271. Bayern 205. Nur in Baden (art. 335) ist die Todesstrafe auch für diesen Fall noch ausdrüklich vorgeschrieben. Die nachteiligen Folgen jener unzeitigen Milde treten in den statistischen Tabellen der Strafrechtspflege immer sichtbarer hervor.

freilich erst 1830, unter der Verwaltung Robert Peel's, geschehen; damals sind angeblich etwa 300 Fälle, die durch besondere Parlamentsacten mit Todesstrafe bedrohet waren, nach und nach derselben entzogen worden.

Dagegen bleibt noch eine Reihe von politischen Verbrechen: Hochverrat, Landesverrat, Majestätsbeleidigung, welche zum Theil sogar schon im Falle des blofsen Versuchs mit dem Tode bedrohet sind. Will man bei der klaren Unentbehrlichkeit dieser Strenge[78] hier das Suchen nach andern Gründen für überflüssig halten, so darf man dabei doch immer nur die allgemeine Notwendigkeit, und nicht die besondere Lage jedes einzelen Falles im Auge haben. Denn daran ist nicht zu denken, dass etwa der Richter in Fällen dieser Art die concrete Unentbehrlichkeit der Todesstrafe erst einer näheren Prüfung unterwerfen dürfte.

b. Formen der Todesstrafe.

43. Was die Todesstrafe von allen anderen Strafen unterscheidet, ist neben der Unmöglichkeit, sie wieder rükgängig zu machen, besonders der Umstand, dass sie alle Schichten der menschlichen Gesellschaft mit gleicher Schwere trift. Um so mehr hätte man sich hüten sollen, sie mit anderen Strafen zu vermengen, oder durch Anwendung ungleicher Ausführungsmittel und zusäzlicher Cärimonien eine künstliche Mannichfaltigkeit von Todesstrafen zu entfalten. Leider ist dies nicht beachtet worden; Leidenschaft, Fanatismus und Phantasterei haben mit dem ernstesten und äussersten Strafmittel, welches Gott in die Hand des Menschen gelegt hat, ein sündhaftes Spiel getrieben, und die Geschichte der qualificirten Todesstrafen giebt ein trauriges Zeugnis von

78) Die specielle Aufhebung der Todesstrafe bei politischen Verbrechen besteht wohl nur noch in Belgien.

den Verirrungen des Menschen in diesem Stücke. Anstatt sich mit Einer der einfachsten Waffen zu begnügen, hat man die rohen Naturkräfte, die Thierwelt und künstliches Beiwerk aller Art zu Hülfe genommen: Feuer, Wasser, der Schlamm, das Kreuz, der Galgen, das Rad, die Schnur, der Sak, der Pfahl, die Säge, die Kanone, das Gift, der Hunger, das Vermauern und Lebendig-Vergraben, Tiger und Elephanten — Alles solte der Strafgewalt dienstbar gemacht werden[79]. Dazu kamen aber noch die vorbereitenden geistigen und körperlichen Marter: das Schleifen zur Richtstätte, die glühenden Zangen, die Verstümmelung des Körpers durch Vierteilen und Rädern vor oder nach dem Tode, das Verscharren des Leichnams[80]; ja das gebildete Rom hat selbst darin den rohesten Völkern nicht nachstehen wollen, dass es den Verbrecher, im Namen der Gerechtigkeit, zur Unterhaltung des Volkes den wilden Thieren bald bewafnet, bald unbewafnet Preis gab[81].

44. Wenngleich dem Wehrstande der herkömliche Gebrauch seiner Schusswaffe auch bei Vollstrekung der Todesstrafe nicht zu entziehen ist[82], so wird doch für

---

79) Vgl. Grimm Rechtsalterth. S. 682...701. Die Peinl. Gerichtsordnung kennt ausser der Enthauptung und dem Galgen noch das Ertränken (Säcken), den Feuertod, die Vierteilung, das Rad, das Lebendig-Vergraben, das Pfählen.

80) Vgl. Peinl. Ger. Ordn. art. 192...194.

81) Nicht blos unter den heidnischen Kaisern heist es: humiliores bestiis obiiciuntur uel uiui exuruntur, honestiores capite puniuntur (Paulus Sentent. V, 29, 1), sondern auch Constantin unterschied noch im J. 315 in ähnlicher Weise, und Justinian hat daran wenig geändert (const. 16 ad leg. Fabiam 9, 30). Bei den Batta's auf Sumatra wird man verurteilt, lebendig gefressen, bei den Siamesen: von Elephanten zerstampft oder von Tigern zerrissen zu werden.

82) In Oesterreich, wo die Todesstrafe in der Regel durch den

alle übrigen Stände und Verhältnisse die gleichmäfsige Anwendung der Enthauptung (poena gladii) mit dem Schwert oder Beil schon darum am meisten dem furchtbaren Ernste der Sache entsprechen, weil sie mit den ungesezlichen oder zufälligen Mitteln der Tödtung am wenigsten gemein hat. Sie ist jezt, mit Ausnahme Oesterreichs, wo noch der Galgen benuzt wird, die ausschliesliche in Deutschland. Die künstlichere Form, die ihr in dem Fallbeil (der Guillotine) gegeben ist, und die neuerdings (1853) in Sachsen noch verbessert sein soll, muss zwar wegen der gröfseren Sicherheit und der geringeren Mitwirkung des menschlichen Armes den Vorzug verdienen; aber ihre Geschichte [83] mahnt uns zugleich an die schwere Verantwortlichkeit, welche die Menschheit durch Misbrauch der Rechtspflege auf sich laden kan.

Die Vollziehung der Todesstrafe bedarf der Oeffentlichkeit; aber durch unbegrenzte Oeffentlichkeit wird sie nur zu oft entheiliget: das ist namentlich in dem Preussischen und anderen neueren Strafgesezbüchern erwogen worden, welche die Anwendung eines umschlossenen Hofes und die amtliche Gegenwart gewisser Vertreter der Gemeinde vorschreiben, zugleich aber die alte Sitte des gleichzeitigen Läutens einer Glocke wiederhergestellt haben [84].

Den Leichnam zu strafen, darf sich der Mensch nicht anmaassen; der Wissenschaft mag er verfallen sein. Das s. g. Eselsbegräbnis gehört jezt zu den verschollenen Dingen.

Strang vollstrekt wird, bleibt dem Soldaten die Hofnung, »zu Pulver und Blei begnadigt« zu werden. Oesterr. Strafgesez §. 13.

83) Böhmer Geschichte der Guillotine. Weimar 1822.

84) Preuss. Strafgesezbuch §. 8. Eben so 1854 in Altenburg, 1856 in Weimar. Bayern art. 15. Vgl. auch Mittermaier zu Feuerbach §. 140

C. Straffolgen und Strafzugaben.

1. Entziehung bürgerlicher Rechte.

45. Die vollständigste politische Strafe würde in der völligen Rechtlosigkeit, dem bürgerlichen Tode (II, §. 26) bestehen, wenn derselbe nicht als Strafe durchweg wieder abgeschafft worden wäre[85]; uns bleiben also nur die Fälle einer teilweisen Entziehung der bürgerlichen und politischen Rechte zu erörtern.

Zu diesen Fällen gehört vor Allem die Entziehung oder Schmälerung der bürgerlichen Ehre[86], welcher fast überall als Folge der Zuchthausstrafe von selbst eintreten soll, mitunter auch wohl mit der Todesstrafe verbunden wird[87].

Die Wirkung dieser Strafe besteht jezt in der Entziehung sowohl der gemeinen, als der vorzüglichen bürgerlichen Ehrenrechte, in der Unfähigkeit zu Aemtern und zum Waffendienst, zur activen oder passiven Teilnahme an politischen Wahlen, zum feierlichen und eidlichen Zeugnis, zur Vormundschaft, zum Geschwornendienste[88].

Die Unfähigkeit, das eigene Vermögen zu verwalten, ist nur im französischen, preussischen und bayeri-

---

85) Zulezt in Frankreich, durch Gesez vom 31. Mai 1854.

86) Absolute Ehrlosigkeit würde mit völliger Rechtlosigkeit zusammenfallen; so nahm es uch der Landfriede Friedrichs II v. J. 1235, cap. 3 in fi. 5 fi. 11 med. 12 in med. et fine. — In Rom erforderte sie mindestens den gleichzeitigen Verlust der Civität, durch media capitis deminutio. vgl. oben Buch III §. 19...23.

87) Preuss. Strafgesez §. 11. 61. Bayern art. 28...31.

88) Preuss. Strafgesez §. 12. 21. 22. Sachsen art. 36. Württemberg art. 8. 27. Im Code pénal art. 28. 34 heist sie dégradation civique. Aehnlich ist die Versezung in die zweite Classe des Soldatenstandes, welche in Preussen bei Unteroffizieren und Gemeinen eintreten kan.

schen Strafrechte mit der Zwangsarbeit oder Zuchthausstrafe verbunden worden [89]; sie darf die Strafhaft selbst nicht überdauern.

46. Nicht so allgemein, wie diese notwendige Straffolge, findet sich die richterliche Untersagung der Ausübung der bürgerlichen Ehrenrechte, welche als Strafzugabe in Bayern bei Vergehungstrafen, in Preussen und Württemberg nur in Verbindung mit Freiheitstrafen eintreten kan, und dann wenigstens ein Jahr, höchstens zehn Jahre nach abgebüfster Freiheitstrafe währen soll. Das hessische Strafgesezbuch kennt sie auch als selbständige Strafe. Für die Dauer derselben sind die Wirkungen denen des gänzlichen Verlustes gleich [90]; nur die zeitige Unfähigkeit zur Bekleidung öffentlicher Aemter, verbunden mit dem definitiven Verlust der bereits bekleideten, kan nach dem preussischen Strafgesez §. 25 auf fünf Jahre auch für sich allein, ohne weitere Ehrenminderung, eintreten.

Als Schmälerung der gemeinen bürgerlichen Rechte ist auch die Stellung unter polizeiliche Aufsicht zu betrachten, welche im französischen Rechte lebenslänglich, im preussischen auf höchstens zehn, im bayerischen auf höchstens zwei Jahr nach verbüfster Freiheitstrafe eintreten kan, und meist mit einer Confination (§. 36) so wie mit Unterwerfung unter nächtliche Haussuchungen verbunden ist [91].

2. Positive Entehrungen.

47. Verschieden von den blofsen Ehrenentziehungen sind die positiv beschimpfenden Strafen des älteren

89) Code pénal art. 29. Preuss. §. 11. Bayern art. 32.

90) Hess. Strafgesez art. 27. 28. Bayern art. 29. Preuss. §. 21..25, und Einführungsgesez §. IX. In Württemberg beträgt das Minimum zwei Jahre (art. 28. 29).

91) Code pénal art. 44..47. Preussen 26..28. Bayern 36..39.

deutschen Rechts, die aber mit Ausnahme der öffentlichen körperlichen Züchtigung, der gezwungenen Abbitte und des Verweises meist einen symbolischen Character annehmen musten. Dahin gehörte in älterer Zeit die schimpfliche Tracht, die Entziehung des Haars oder der Waffen, das Dachabdecken, die schimpflichen Umgänge, Umritte oder Standorte, die Lastersteine, das Eselsbegräbnis u. s. w., deren mannichfache Nebenformen von der reichen Erfindungsgabe unserer Vorfahren ein merkwürdiges Zeugnis geben[92].

Auch den noch geltenden Strafrechten sind einige dieser Einrichtungen nicht ganz fremd; so der Pranger oder Schandpfahl zur persönlichen Ausstellung (Halseisen, Fiedel, carcan) oder zur Anheftung des Urteils oder des Namens des Verurteilten, die öffentliche Vernichtung der Adelssymbole, das unehrliche Begräbnis — die erst in den allerneuesten Gesezen verschwunden sind[93]. Das Beschimpfende der Sträflingskleidung (§. 37), und der einfachen öffentlichen Verkündung des Strafurteils (in Preussen bei jeder Todes-, Zuchthaus- und mehr als fünfjährigen Freiheitstrafe) wird meist als unvermeidliche Straffolge behandelt.

3. Die Leibesstrafen.

48. Der Körper ist in vierfacher Weise zum Gegenstand der Strafe gemacht worden: 1) durch Verstümme-

92) Jac. Grimm deutsche Rechtsalterthümer S. 702. 711...728. Wilda Strafrecht S. 522..24. Dreyer antiquarische Anmerkungen über einige Lebens-, Leibes- und Ehrenstrafen 792.

93) Code pénal art. 22 24, zum Theil geändert im April 1832. — Das bayerische Strafgesez von 1813 I, art. 22. 24 unterschied noch zwischen Ehren- und demüthigenden Strafen, zu denen ausser dem Verweise auch die sehr eigentümliche Abbitte vor dem Bildnisse des Königs (art. 311. 404) gehörte; aufgehoben durch Gesez v. 17. März 1850.

lung, 2) durch einfache Entstellung, 3) durch Schmerzen und 4) durch Schmälerung der normalen Nahrung.

1) Die verstümmelnden Strafen erscheinen in ihrer rohesten Form als reine Wiedervergeltung, als berechtigte Rache (§. 12. 13). Die Regel: „Seele um Seele, Auge um Auge, Zahn um Zahn"[94] ist auch dem römischen Zwölftafelgesez, als Talion der Realinjurie, nicht unbekant. An entehrenden Verstümmelungen der Nase, der Ohren und Genitalien, erfreuete man sich am byzantinischen Hofe; auch die Peinliche Gerichtsordnung gestattete dem Richter, sich an Augen, Ohren, Zunge, Hand und Schwurfingern des Verbrechers zu vergreifen[95]; ja sogar der französische Code pénal art. 13 hatte noch das Abhauen der Hand vor der Hinrichtung des Elternmörders verordnet. Jezt sind diese Verstümmelungen auch als Zugabe zur Todesstrafe (§. 43) überall beseitigt.

2) Ebenso die bleibende Entstellung des Körpers durch das in Deutschland nie einheimisch gewesene Brandmark[96], während vorübergehende Entstellungen, z. B. durch ungleiches Scheeren des Kopfes oder Bartes, nur als erlaubte Sicherheitsmittel gegen die Flucht des zu schwerer Strafarbeit Verurteilten, nicht aber als eigentliche Strafe anzusehen sind.

49. 3) Die Schmerzen, mittels körperlicher Züchtigung, waren früher sowohl selbständig als accessorisch mit solcher Freigebigkeit gespendet worden, dass sie von einfachen Stokschlägen, Ruthenhieben und

94) II Mos. 23...25.

95) PGO. art. 107. 108. 123. 159. 198. vgl. Grimm R. A. S. 702...710.

96) Der Code pénal in seiner ursprünglichen Gestalt (art. 20) hatte das Brandmark, zum Theil selbst bei temporärer Zwangsarbeit mit den Buchstaben T, T. P. oder T. F. (travaux-perpétuels-faux) vorgeschrieben. Die erste Beschränkung desselben für die Rheinlande erfolgte schon 1814, für Frankreich erst 1832.

Staupbesen, bei den Soldaten bis zum Spiesruthenlaufen gesteigert, bei gewöhnlichen Strafgefangenen auch wohl als „Willkomm und Abschied“ der Freiheitstrafe hinzugefügt wurden [97]. Nachdem aber die meisten Staaten, unter mannichfachen Kämpfen, die körperliche Züchtigung ausdrüklich oder stillschweigend verworfen haben [98], sind sie nur in einzelen neueren Strafgesezbüchern noch in folgenden Anwendungen geblieben:

a) als Strafzugabe zu schwerer Strafarbeit in Oesterreich und Württemberg bis zu 50, in Sachsen bis zu 60, in Altenburg sogar bis zu 90 Streichen [99];

b) als Surrogat für leichtere Freiheitstrafen bei prügelbaren Persönlichkeiten: Bettlern, Vagabonden, Tagelöhnern, jugendlichen und rükfälligen Verbrechern auch in Hannover [100].

So gern man nun auch auf alle Anwendung der körperlichen Züchtigung als gesezliche Strafe verzichten mögte, so schwer wird doch an die Entbehrlichkeit derselben für die innere Hausordnung der Strafanstalten zu glauben sein; man könte, in Ermangelung ausdrüklicher gesezlicher Verbote, sich wohl gar versucht fühlen, sie hier auch stillschweigend als blofses häusliches Zuchtmittel für zulässig zu halten. Damit aber solche administrative Züchtigungen sich der beschränkenden

97) Auch noch im Preuss. Landrecht II, 20 §. 1140; und nur den s. g. Abschied hat die Criminalordnung §. 555 verboten.

98) Am vollsändigsten im neuesten bayerischen Strafgesezbuch art. 25: »Körperliche Züchtigung ist auch als Disciplinarstrafe in allen Strafanstalten und Gefängnissen unbedingt ausgeschlossen.« — vgl. Preuss. Cabinetsordre v. 6. Mai1 1848.

99) Oesterreich §. 24. 258. Württemberg art. 17 und Gesez v. 17. Juni 1853. Sachsen art. 12. 14. Sachsen-Altenb. art. 8. 23.

100) Oesterr. §. 248. 260. Sachsen art. 24. Sachsen-Altenburg 22. 23. Hannover 24. 99. Dahin gehört auch die Einstellung der Soldaten in die zweite Classe. Strafges. f. d. Preuss. Heer §. 31...33. 64. — Meklenburg ist vorerst nicht berechtiget, sich hier als deutsches Land mit aufführen zu lassen.

Aufsicht nicht entziehen, müssen auch sie durchaus auf einer gesezlich geregelten Anstaltsordnung beruhen [101].

50. 4) Die s. g. schmale Kost oder Fastenstrafe würde bei längerer Dauer der Strafhaft ihre Wirkung verfehlen, wenn sie nicht einigermaassen dem Ermessen der Gefängnisverwaltung überlassen bliebe. Wie dem Gesez [102], so muss es auch dem Richter genügen, die äusseren Grenzen dieses Ermessens bestimmt vorgeschrieben zu haben.

D. Strafsurrogate, Subsidiarstrafen.

51. Das Bedürfnis der Strafsurrogate oder subsidiären Strafen beruhet auf der mitunter eintretenden Unanwendbarkeit der ordentlichen Strafe, wenn wegen besonderer Umstände der Uebelthäter gar nicht, oder zu leicht, oder zu schwer von derselben getroffen wird. Die ältere Praxis suchte solchen Mängeln durch Erweiterung des richterlichen Ermessens abzuhelfen, so dass nicht blos das Strafmaas, sondern auch die Strafgattung mitunter einer sehr freien Auswahl unterlag [103]. Die neueren Geseze haben aber diese bedenkliche Freiheit in Ansehung der Strafgattung meistens beseitigt, so dass die noch zugelas-

---

101) In Preussen ist, nach der noch gültigen Gefängnis-Instruction vom 24. Oct. 1837, dem Inspector gestattet, in dringenden Fällen bis zu fünf Hieben anzuordnen. Das Württemb. Strafgesez art. 41 gestattet höchstens 25 Hiebe. -- Von Bayern s. Note 98.

102) Freilich in sehr ungleicher Weise. Oesterreich 20. Sachsen 12. 14. 18. Bayr. 21. Württemb. 25. Nassau 14. Thüring. 12. 13. u. s. w. Für Preussen ist auch diese Schärfung der Strafhaft ganz hinweggefallen (vgl. Note 62).

103) Wie schon in Rom seit Hadrian alles gesezliche Strafrecht in ausserordentlichen Strafen unterging, so in Frankreich durch den gefährlichen Saz des älteren Rechts: »toutes les peines sont arbitraires en France.«

senen Abweichungen von der Normalstrafe gleichfals an bestimmte Regeln gebunden erscheinen. Die Notwendigkeit solcher Ausnahmen zeigt sich oft erst nach ergangenem Urteil, und dann gehört die Abhülfe in den Strafprocess[104]; sie muss aber auch schon vorher vom Richter bedacht werden. Namentlich läst sie sich vorhersehen:

1) bei Geldbufsen, wenn sie von Unvermögenden nicht eingezogen werden können;
2) bei Freiheitstrafen, wenn sie an sich oder durch ihre Folgen ungewöhnlich drückend werden;
3) bei Beiden, wenn sie nach den concreten Verhältnissen des zu Bestrafenden den Character einer Strafe verlieren.

Die für anwendbar erklärten Subsidiarstrafen sind:

1) Handarbeit für öffentliche Zwecke,
2) Subsidiarhaft,
3) Festungshaft oder Staatsgefängnis,
4) Körperliche Züchtigung.

52. Die Handarbeit ist nur anwendbar bei Personen, welche ihren Lebensunterhalt mit derselben verdienen, namentlich bei Hausvätern oder Hausmüttern, deren auch nur kurze Strafhaft den Ruin der ganzen Familie zur Folge haben würde. Sie ist selbst da, wo das Strafgesez sie nicht anordnet, als halbconventionelles Surrogat der Geldstrafe und als Präventivmittel gegen eine kurze Subsidiarhaft nicht unbekant[105].

Diese Subsidiarhaft ist aber überall gegen Unvermögende als Surrogat der Geldstrafe eingeführt; nur das

---

104) Hieher würden auch die symbolischen Hinrichtungen der Abwesenden oder gar der Verstorbenen gehören, wenn sie jezt noch erlaubt wären.

105) z. B. in Preussen. Gesezliche Vorschriften: Sachsen 23. Sachsen-Altenburg 14. Thüringen 14. 16. — Anders in Oesterreich §. 55.

Verhältnis der einen Strafe zur andern wird sehr verschieden taxirt[106].

Die Festungshaft, das Staatsgefängnis oder die Einschliessung gilt im Allgemeinen als Milderung der gewöhnlichen Freiheitstrafe für diejenigen Personen, deren bisherige Lebensstellung die Gemeinschaft mit anderen gemeinen Sträflingen zu einer ausserordentlich erschwerten Strafe machen würde; doch stimmen darüber die Gesezgebungen unter sich sehr wenig überein[107].

Die körperliche Züchtigung ist schon oben (§. 49) auch als Strafsurrogat erwähnt worden. Sie trit aber nur für verwirkte Freiheitstrafen ein, teils um dieselben ganz zu vermeiden, teils um sie abzukürzen.

Dass ein Abkaufen der Strafe mit Geld im Rechtswege nie zu gestatten ist, versteht sich von selbst; sogar im Gnadenwege bleibt es oft sehr bedenklich. Andererseits giebt es freilich auch kein Surrogat für die Geldstrafe, wenn sie dem Reichen nicht drückend ist[108].

E. Die Concurrenz der Strafen.

53. Die gleichzeitige Anwendung mehrfacher selb-

---

106) Das sächsische Strafgesez art. 27 gestattet dem Richter den Gefängnistag von zehn Groschen bis zu fünf Thalern zu taxiren; das braunschweigische §. 18 von einem bis zu fünf, das preussische §. 17 von einem bis zu drei Thalern; das österreichische §. 260 erklärt fünf Gulden für die Normaltaxe. Das Maximum dieser Subsidiarhaft ist aber in Preussen auf vier Jahre, in Bayern (art. 27) auf sechs Wochen bestimmt worden.

107) vgl. Hannover 23. 175. Bayern 19. Preussen 13. 16. Baden 52. In Hannover ist dieses Surrogat mit einer Verlängerung der Strafzeit um ein Viertel, in Preussen um die Hälfte verbunden.

108) Auch das im älteren Rom begünstigte Ablösen der schwersten Capitalstrafen durch freiwilliges Exil (Walter Gesch. des röm. R. ed. III. §. 823) würde jezt nur im Gnadenwege stattfinden können.

ständiger Strafen gegen dieselbe Person ist die natürliche Folge einer mehrfachen Verschuldung von ihrer Seite. Man kan das eine cumulative Concurrenz der Strafen nennen, während die vorhin erwähnten alternativen Strafen sich auch als elective Concurrenz bezeichnen lassen.

Genauer betrachtet, zerfält aber jene Concurrenz der Uebelthaten noch weiter in zwei wesentlich verschiedene Arten: in die reale und in die formale oder ideale Concurrenz. Die erstere beruhet auf verschiedenen selbständigen Handlungen gleicher oder ungleicher Art, die zweite auf einer und derselben Thätigkeit, die aber unter verschiedene Strafbestimmungen bezogen werden kan.

In beiden Fällen unterliegt die Strafanwendung gewissen gesezlichen Beschränkungen; denn bei der realen Concurrenz soll oft die Summe aller in demselben Urteil zu verhängenden Strafen nicht über ein quantitatives Maximum einer Strafgattung (§. 35. 39) hinausgehen, bei der formalen nur auf die schwerste der verwirkten Strafen erkant werden. Diese zweite Beschränkung war im Widerspruch mit dem späteren römischen Rechte[109], aber im Anschluss an eine specielle Bestimmung der Peinlichen Gerichtsordnung über den Diebstahl[110], zuerst von der Doctrin in die Regel: „poena maior absorbet minorem", gefasst worden. Neuere Geseze haben sie zum Theil sogar auf die reale Concurrenz erstrekt, überhaupt aber die Sache vielfach verkünstelt[111].

---

109) const. 9 de Accusationibus (Cod. Iust. IX. 2).

110) PGO. art. 163.

111) vgl. Preussen 55...57 und Gesez v. 9. März 1853. Thüringen 50...52. Bayern 84. Sachsen 77. 78. Oesterreich 34. S.-Altenburg 52...57. Württemberg 115...123. Braunschweig 55. Hannover 104...110. Hessen 104...113. Baden 170...182.

Zweites Kapitel.

Die einzelen Verbrechen und deren Bestrafung.

54. Der zweite oder besondere Theil des materiellen Strafrechts umfasst die einzelen Vergehen und deren Bestrafung; wir könten ihn das angewandte Strafrecht nennen, wenn nicht dieser Name mehr zur Bezeichnung des Strafprocesses geeignet wäre.

Es ist schon oben (§. 17) erwähnt worden, dass für die processualische Behandlung des Strafrechts die Einteilung in Verbrechen, Vergehen und Uebertretungen als die beste erscheint. Nicht so für das Detail der materiellen Strafbestimmungen; weder das französische noch die neuesten deutschen Strafgeseze haben hier die Verbrechen von den Vergehen zu sondern gewagt. Besser halten wir uns an die herkömlichen drei Rubriken: Verbrechen gegen den Staat, gegen Privatpersonen, und gegen die guten Sitten, woraus sich mit wenigen Erweiterungen die Einteilung in die gemeingefährlichen Verbrechen, in die strafbaren Verlezungen von Privatgütern, und die Verbrechen ohne bestimmte Rechtsverlezung ableiten lässt.

So wie nämlich die gemeingefährlichen Verbrechen noch mehr umfassen, als die directen Angriffe auf den Staat, so dürfen wir auch bei den strafbaren Verlezungen der Privatgüter nicht blos an die Eingriffe in die Willenssphäre anderer Personen denken. Denn es handelt sich hier sehr oft um unveräusserliche Güter, auf die kein Mensch verzichten, die Keiner sich rauben darf.

Mord und Selbstmord gehören zusammen, wie die Gewaltigung und die freiwillig gestattete Entheiligung des eigenen Körpers.

I. Gemeingefährliche Verbrechen.

A. Verbrechen gegen den Staat.

55. Der Staat kan verlezt werden:

1) in seiner Gesamtheit: durch Majestätsverbrechen, Hochverrat und Landesverrat;
2) in seinen einzelen Gewalten: durch strafbaren Widerstand, Empörung, Auflauf, Amtseingriffe, Amtsbeleidigung;
3) in seinen Güterrechten: durch Eingriffe in seine Regalien, besonders durch Steuerdelicte und Münzverbrechen;
4) durch seine eigenen Beamten und Organe: durch Amtserschleichung, Amtsvergehen, Verlezung militärischer Dienstpflichten.

1. Majestätsverbrechen, Hochverrat, Landesverrat.

56. Zum Majestätsverbrechen im engeren Sinne gehört nur die Majestätsbeleidigung; im weiteren umfasst es auch den Hochverrat.

Hochverrat (perduellio) ist jedes Unternehmen gegen die Existenz des Staats, in dem man wohnhaft ist, gegen das Leben und die Freiheit des Staatsoberhaupts, und jeder Versuch einer gewaltsamen Abänderung der Staatsverfassung oder des Staatsgebietes.

Er ist überall mit dem Tode oder dem gesezlichen Surrogat der Todesstrafe bedrohet; nach gemeinem Rechte auch mit Vermögenseinziehung und partieller Rechtlosigkeit der Kinder des Verbrechers [112].

---

112) Arcadius und Honorius, const. 5 ad legem iuliam ma-

Landesverrat ist die freiwillige Theilnahme an einem Kriege gegen den Staat, welchem man angehört, oder unter dessen Schuze man lebt. Er ist wenigstens dann mit dem Tode bedrohet, wenn man an dem wirklichen Kampfe persönlich Anteil genommen hat.

Die Majestätsbeleidigung kan derselben Strafe unterliegen, wenn sie bis zur Thätlichkeit gegen die geheiligte Person des Staatsoberhauptes gesteigert war. In anderen Fällen, namentlich bei wörtlichen oder bildlichen Verlezungen der Ehrfurcht oder bei Beleidigungen der Mitglieder des regierenden Hauses, sollen schwere Freiheitstrafen eintreten.

2. Störung einzelner Staatsgewalten. Empörung. Auflauf. Amtsbeleidigung.

57. Der Kampf mit einzelen Zweigen der Staatsgewalt nimt im Ganzen dann einen strafbaren Character an, wenn er mit realen Störungen, mit körperlichem Angrif oder Widerstand verbunden ist, oder doch unmittelbar zu demselben hinleitet. Auf dem rein geistigen Gebiete muss der Widerspruch erlaubt sein, so lange er nicht in Verläumdung oder Ehrenkränkung ausartet.

Solche reale Störungen können aber wieder sehr verschiedener Art sein, je nachdem sie in den Gang der Gesezgebung, der Rechtspflege, oder eines Verwaltungszweiges eingreifen. Die Wahlbestechung, die Befreiung von Straf- oder Untersuchungsgefangenen, die verbotwidrige Rükkehr, das Durchbrechen einer gesundheitspolizeilichen Sperre, die Unterschlagung von Urkunden, die Täuschung oder Einschüchterung der Verwaltungsbeamten u. s. w. mögen als Beispiele genügen, wo eine erschöpfende Aufzählung unmöglich bleibt.

---

iestatis (Cod. Iust. 9, 8) vom J. 397. Goldene Bulle vom J. 1356 cap. 24.

Die allgemeinsten Fälle, welche hieher gehören, sind aber Empörung, Auflauf, Amtsbeleidigung.

58. Empörung (Aufstand, Aufruhr) und Auflauf (Tumult, turba) haben das mit einander gemein, dass sie eine Mehrzahl von Schuldigen voraussezen; zum Auflauf verlangt das römische Recht wenigstens zehn Menschen. Der Unterschied von beiden liegt darin, dass die Empörung in einem organisirten Widerstande zu bestimmten Zwecken, der Auflauf nur in einer momentanen Störung der öffentlichen Ruhe besteht; weshalb denn auch jene viel strafbarer ist, als dieser[113]. In beiden Fällen pflegen nur Freiheitstrafen einzutreten[114], und wenn nicht bei einzelen Mitschuldigen noch andere Verbrechen hinzukommen, so ist die Strafe der Anstifter und Leiter bei weitem die schwerste.

Der gemeinsame Widerstand wird zur Meuterei, wenn er gegen Aufseher oder Vorgesezte gerichtet ist. So bei Arbeitern, bei Gefangenen, bei Soldaten.

59. Die Amtsbeleidigung kan sowohl gegen obrigkeitliche, ständische, städtische und kirchliche Behörden im Ganzen, als gegen einzelne Mitglieder der-

---

113) Einige neuere Strafgeseze behandeln noch den Landfriedensbruch (Sachsen 148, Altenburg 118, Thüringen 116, Württemb. 189) oder die Störung des öffentlichen Friedens (Bayern 154. 155) als besondere Hauptgattung. In der älteren Rechtsprache war Landfriedensbruch im weiteren Sinne jede durch den allgemeinen Landfrieden (§. 4) verpönte Handlung, im engeren war es die rechtswidrige Fehde. PGO. 129. Der neuere Begrif ist der römischen uis publica (§. 73) verwandt. vgl. jedoch Mittermaier zu Feuerbach §. 405.

114) Den Landfriedensbruch und den Landzwang, d. h. das Zusammenrotten ausgetretener Unterthanen zu unbestimmten Zwecken, bedrohete schon die PGO. 128. 129 mit dem Tode.

selben begangen werden. Sie ist immer anzunehmen, wenn sie während der amtlichen Function des Beleidigten verübt wurde; zu anderen Zeiten muss er entweder in seiner Amtskleidung körperlich angegriffen, oder in bestimmter Beziehung auf amtliche Thätigkeit herabgewürdiget worden sein. Die Strafbarkeit steigert sich durch die hervorragende Stellung des Beleidigten, und die zu besorgenden Gefahren für die Erfolge seiner Wirksamkeit. Immer ist die Strafe härter, als die einer ähnlichen Injurie gegen Privatpersonen, und nur in seltenen Fällen wird eine blofse Geldstrafe genügen.

3. Eingriffe in die Güterrechte des Staats. Steuerdelicte. Münzverbrechen.

60. Gewöhnliche Eigentumsverlezungen, welche gegen den Staat auf dieselbe Weise verübt werden, wie gegen Privatpersonen, z. B. durch Diebstahl, gehören nicht zu den hier zu erörternden specifischen Verbrechen gegen den Staat; denn bei diesen wird zugleich die Antastung eines finanziellen Hoheitrechts, eines Regals, vorausgesezt.

Unter solchen Vergehen sind die Steuerdelicte und die ihnen verwandten Contraventionen gegen Gewerbsregalien, die Privilegien der Post, des Salz- oder Tabakdebits meist nach besonderen Strafgesezen zu beurteilen: relativ bestimmte Geldbufsen und Partial-Confiscationen (§. 35) sind hier die angemessensten Strafen.

Viel schärfer werden die Münzverbrechen behandelt. Die eigentliche Münzfälschung, der aber auch die Fälschung des Papiergeldes, und selbst der ihm verwandten öffentlichen Creditpapiere, Loose, Coupons, Brief- oder Stempelmarken (Bd. II §. 310) mehr oder weniger gleichgestellt werden, wird an den Urhebern und Gehülfen mit dem Zuchthause [115] gestraft; das

115) Nach der PGO. art. 111 mit dem Feuertode. Auch die

blofse Ausgeben zufällig erworbener gefälschter Valuten kan mitunter auch mit Geld- oder Gefängnisstrafe genügend gebüfst werden.

4. Die Amts- und Dienstvergehen.

61. Der rechtswidrige Amtserwerb, oder die Amtserschleichung, sei es durch Bestechung oder durch sonstige rechtswidrige Mittel (crimen ambitus) kan von dem Bewerber allein, oder gemeinsam mit dem Verleiher, oder von einem Dritten und dem Verleiher ausgehen; und ist der leztere auch ein Beamter, so liegt ein doppeltes Amtsvergehen vor. Die nächste Wirkung besteht in dem Verlust der Amtsfähigkeit; daneben hat Justinian mit Confiscation, Exil und körperlicher Züchtigung gedrohet [116]; mit Infamie das kanonische Recht, welches den kirchlichen Amtshandel als nundinatio rei spiritualis unter dem allgemeineren Verbrechen der Simonie mit begreift.

62. Die Anmaassung amtlicher Vorrechte oder öffentlicher Auszeichnungen, welche man gar nicht erworben hat, wird, fals keine Erpressungen oder sonstige Rechtswidrigkeiten damit verbunden waren, doch als Betrug oder Fälschung geahndet [117].

Der Misbrauch der Amtsgewalt, sei es um jemand zu schaden, oder ihm pflichtwidrig beizustehen, wird meistens mit Geld- und Gefängnis, in schwereren Fällen

---

s. g. Kipper und Wipper, welche sich nur von ungleich ausgeprägten Münzen das Uebergewicht der zu schweren aneigneten, wurden strafrechtlich verfolgt, bis die verbesserte Technik unserer Münzen diesem Gewebe meistens ein Ende gemacht hat. — Neuere, unter einander sehr abweichende Geseze: Preussen 121...123. Sachsen 320 ...329. Bayern 172...175. Oesterreich 118..121.

116) Iustiniani nouella 8 cap. 8 §. 4.

117) vgl. Preuss. Strafgesez §. 104. 105.

mit zeitigem Zuchthaus gestraft. Dass diese Strafen bedeutend zu steigern sind, wenn Bestechung hinzukam, versteht sich von selbst[118].

Die eigentümlichen Disciplinarstrafen der Beamten sind teils Ordnungstrafen (Verweis, Geldbufse u. s. w.) teils Strafversezung oder Amtsentlassung[119]. Auf Geistliche finden sie direct nur Anwendung, in sofern diese zugleich als Staatsbeamte zu betrachten sind. Die Dienstvergehen der Militärpersonen beruhen fast überall auf besonderen Strafgesezen (oben S. 8).

Den eigentlichen Amtsvergehen verwandt ist die Untreue eidlich verpflichteter Personen, der Aerzte, Advocaten, Vormünder, der Güterpfleger im Concurse, der Makler, Commissionäre u. s. w.[120].

B. Sonstige gemeingefährliche Verbrechen.

63. Die Brandlegung an eigenen Gebäuden, die Vernichtung eigener Schiffe auf der Fahrt, die Brunnenvergiftung, die Beschädigung von Dämmen, Deichen, Canälen, Landstrafsen, Eisenbahnen, telegraphischen Anstalten u. s. w., welche der Staat unter seine specielle Obhut und Aufsicht genommen hat, kan natürlich, nach Maasgabe des angerichteten und des zu fürchtenden Schadens, einen sehr verschiedenen Grad von Strafbarkeit annehmen, bei der die Zuchthausstrafe nicht ungewöhnlich, und selbst die Todesstrafe nicht ganz ausgeschlossen ist[121].

---

118) vgl. Preuss. Strafrecht §. 309...331.

119) vgl. Preuss. Gesez betreffend die Dienstvergehen der Richter und die unfreiwillige Versezung derselben auf eine andere Stelle oder in den Ruhestand, vom 7. Mai 1851. Gesez, betr. die Dienstvergehen der nicht richterlichen Beamten u. s. w. vom 21. Juli 1852.

120) vgl. Preuss. Strafgesez §. 155. 246.

121) s. oben §. 41. vgl. Preuss. Strafgesez § 285...308.

II. Strafbare Verlezungen von Privatrechten.

A. Körperverlezungen.

1. Die Tödtung, homicidium.

64. Bei dem Thatbestande der Tödtung muss vor Allem der ursächliche Zusammenhang zwischen der verlezenden Handlung und dem eingetretenen Tode ermittelt werden; und dieser kan ein directer und ein indirecter sein, je nachdem die Handlung für sich allein oder nur in Verbindung mit anderen selbständigen Thatsachen die tödtliche Wirkung hervorgebracht hat. Hiemit hängt der Unterschied von absoluter und relativer Letalität der Verlezungen zusammen, den man jedoch häufig überschäzt hat. Denn wenn der Zufall die tödtliche Wirkung ganz vereitelt, z. B. weil der Vergiftete ertrank, so bleibt auch die absichtliche und absolut tödtliche Verlezung doch nur ein Versuch der Tödtung; hat er aber dieselbe herbeigeführt, so ist die Thatsache der Tödtung eingetreten und nur die Strafbarkeit derselben wird vielleicht herabgesezt. Doch ist auch lezteres im Ganzen nur bei positiven Zufälligkeiten, nicht bei ungünstigen negativen Umständen anzunehmen; z. B. wenn dem Verwundeten durch eine Feuersbrunst Obdach und Pflege entzogen wird, nicht aber wenn ihm die nötigen Kräfte mangeln, um eine leichte Amputation zu überstehen [122].

Auf die tödtlichen Handlungen an sich ist dieser Unterschied nicht anzuwenden: d. h. die negativen Mittel der Tödtung: Entziehung der Nahrung, der Luft, der Wohnung, der Pflege, stehen den positiven Verlezungen ganz gleich [123].

122) vgl. Preussen 185. Sachsen 38. Altenburg 120. Württemberg 235. Braunschweig 154. Hannover 226. Hessen 251. Baden 204. Thüringen 118. Nassau 244. Bayern 233. PGO. 147.

123) So namentlich bei der Kinder-Aussezung. vgl. Preuss. Strafgesez 183. 184. Württemb, 236. Nassau 249.

Um so wichtiger ist es, die Motive der Tödtung genauer zu sondern.

65. Wir unterscheiden vor Allem die absichtliche und die nicht gewolte Tödtung, insbesondere die Tödtung aus Fahrlässigkeit. Die absichtliche Tödtung ist Mord (assassinat)[124], wenn sie vorher überlegt war, sie ist Todtschlag (meurtre), wenn sie in augenbliklicher Aufwallung erfolgte.

Diese Einteilung ist jedoch nicht erschöpfend; denn es bleiben auch noch Fälle der notwendigen Tödtung, die zugleich eine gewolte oder nicht gewolte sein kan. Dahin gehört teils die eigentliche Notwehr, welche entschuldigt oder milder beurteilt wird, wenn dabei das nötige Maas der Selbstverteidigung gegen rechtswidrige Angriffe nicht überschritten wurde; teils das Duell, insoweit demselben wirklich eine moralische Notwendigkeit zum Grunde lag. Gegen den angreifenden Räuber, gegen den eindringenden oder eingedrungenen nächtlichen Dieb kan der Gebrauch tödtlicher Waffen nicht ganz versagt werden[125]; ob und in wie weit diese Analogien zur milderen Beurteilung des Duells genügen, wird sich später (§. 68. 69) erörtern lassen.

66. Mord und Todtschlag sind qualificirt, wenn sie mit directen Verlezungen der Unterthanenpflichten oder der Familienbande verbunden sind. Der zweite dieser Fälle heist parricidium im weitesten Sinne[126],

---

124) In Deutschland wird nur der gedungene oder Banditenmord unter Assassinium verstanden.

125) vgl. PGO. 137...145. Code pénal art. 321. 322. 328. 329. Preuss. Strafgesez §. 41. — C. Levita das Recht der Notwehr. 1856.

126) Der Code pénal 86 rechnet auch jedes Attentat gegen das Leben oder die Person des Staatsoberhaupts zum parricide.

während in engster Bedeutung nur der Elternmord darunter verstanden, in einer mittleren aber die Tödtung des neugebornen Kindes durch die uneheliche Mutter davon ausgenommen wird.

Die mildere Behandlung dieses s. g. infanticidium gründet sich auf die überwältigende Macht der Scham und der Verzweiflung; deshalb verlangt das gemeine Recht auch das entschiedene Dasein dieser Motive, also namentlich, dass die Schwangerschaft bis zur Geburt verheimlicht worden sei [127]. Das französische Recht kennt diese Rüksichten gar nicht [128].

67. Der Mord soll überall, wo die Todesstrafe besteht (§. 41), mit dieser belegt werden; nur bei der unehelichen Kindesmörderin wird sie meistens durch langwierige Zuchthausstrafe [129] ersezt. Die Strafschärfungen des qualificirten Mordes sind in den neueren Gesezen sehr beschränkt worden [130]; dagegen fallen aber auch die son-

— In Rom galt auch der Patron als Familienhaupt für den Freigelassenen; daraus hatte schon die PGO. art. 137 »hohe treffliche Personen« gemacht!

127) Andererseits ist es sehr zu billigen, wenn auch die heimliche hülflose Niederkunft schon an sich bestraft wird, weil sie meistens die Ursache einer culposen Kindestödtung wird. So war es, wie fast in allen Ländern, bisher auch in Bayern und in Preussen (Ldrecht II, 20. §. 944...48), wo aber die neuesten Strafgeseze es nicht wiederholt haben.

128) Code pénal art. 302, verglichen mit art. 321...326.

129) In Oesterreich und Preussen von höchstens zwanzig Jahren. Oesterreich 139. Preussen 180. Die vorsäzliche Abtreibung oder Tödtung der Leibesfrucht (procuratio abortus) wird mit kürzerer Zuchthaus- oder Arbeitstrafe geahndet. Preuss. Strafgesez 181. 182.

130) Oben §. 43. 45. Das Preuss. Strafgesez 175 fügt auch bei dem Ascendenten- und Gattenmord den Verlust der bürgerlichen Ehre hinzu.

stigen mildernden Rüksichten bei diesem Morde meistens hinweg [131].

Sehr ungleich sind die rechtlichen Folgen des einfachen Todtschlags und der nicht gewolten Tödtung: sie sinken von der Todesstrafe herab bis zu sehr kurzen Gefängnisstrafen, wenn der Tod nur die indirecte Folge der Fahrlässigkeit gewesen ist [132]. Mit dem Tode wird er jezt in Preussen in zwei Fällen bestraft: 1) wenn er in Verbindung mit einem anderen Verbrechen oder Vergehen, und 2) wenn er gegen einen leiblichen Ascendenten verübt wurde [133]. Dass der Todtschlag an der im eigenen Hause beim Ehebruch ertappten Ehefrau mehr oder minder entschuldiget wird, ist schon früher erwähnt worden [134].

68. Die mildere Beurteilung, welche der Tödtung im Zweikampf (Duell) entweder gesezlich [135], oder

---

131) Das französische Strafgesez art. 323 erklärt nur das Parricidium für inexcusabel. Dagegen bestimmt ein späteres Gesez vom 28. April 1832, jezt Code pénal art. 463, dass so oft die Geschworenen das Dasein eines mildernden Umstandes (circonstance atténuante) — auch ohne ihn zu nennen — behaupten, die Todesstrafe hinwegfallen soll. Es ist dies das Widerspiel zu der Vorschrift des Code pénal art. 56: dass jeder Rükfall nach bereits lebenslänglich zuerkanter Zwangsarbeit mit dem Tode zu bestrafen sei!

132) vgl. PGO. 146. Preuss. Strafgesez §. 184. 197. Die Form der Todesstrafe solte übrigens nach der PGO. bei dem Todtschlag stets milder sein, als bei dem Morde.

133) Preuss. Strafgesez §. 178. 179. 196. Die zweite Bestimmung ist dem preuss. Rechte eigentümlich; die erste, die sich auch in Württemberg (art. 245) findet, ist dem Code pénal entlehnt.

134) Band II §. 103. 104. vgl. Beseler Kommentar zum preuss. Strafgesezbuche S. 352 a. e.

135) Preussen 168. 169. Sachsen 247...258. Württemberg 201.

doch wenigstens nach Gerichtsgebrauch [136] zu Theil wird, darf nicht auf die Bereitwilligkeit des Gegners, sich dem tödtlichen Angrif auszusezen, sondern nur darauf gegründet werden, dass es in gewissen Lebensstellungen nach Sitte und Herkommen kaum möglich scheint, sich dem Duell zu entziehen, so dass die Eingehung desselben fast zu einem Act der Notwehr (§. 65) wird. Das Bestehen dieser Verhältnisse läst sich nicht bestreiten; sie sind die Nachklänge jener alten germanischen Anschauungen, welche den Zweikampf zu einer nicht seltenen processualischen Verpflichtung erhoben hatten [137].

Hieraus ergiebt sich von selbst auch die natürliche Grenze dieser milderen Behandlung. Sie ist nur zu rechtfertigen: 1) gegen den, der das Duell nicht veranlast hat, und der es ehrenhafter Weise nicht vermeiden konte; 2) gegen den, der dem Kampf nicht wilkürlich einen gefährlicheren Character gab, als die Sitte es von ihm forderte. In den positiven Gesezen wird zwar meist auf den zweiten, aber nicht immer auf den ersten Umstand die nötige Rüksicht genommen; auch die Aushilfe eines Ehrengerichts, welches die Unvermeidlichkeit des Zweikampfs zuvor zu prüfen hat [138], ist wohl noch nicht genug versucht worden.

Braunschw. 119. Hannov. 174. 75. Hessen 292. 93. Nassau 285...88. Baden 326...29. Thüringen 197. Bayern 162...68. Sehr strenge ist Oesterreich 158...165.

136) Die PGO. erwähnt den Zweikampf nicht (ein sehr strenges, vom Kaiser bestätigtes Reichsgutachten vom 30. Juli 1688 ist nicht publicirt worden); eben so der Code pénal, was in Frankreich sehr auffallende Schwankungen des Cassationshofes zur Folge gehabt hat. vgl. Mittermaier Anmerk. II zu Feuerbach §. 190.

137) Ganz verkehrt, aber nicht ungewöhnlich ist die Stellung des Zweikampfs zur Selbsthülfe. So Sachsen 247.

138) vgl. Preuss. Verordnung über das Verfahren der militäri-

69. Straffrei ist aber das Duell auch dann nicht, wenn es zu keiner Tödtung oder Verwundung geführt hat; denn immer bleibt es ein entschiedener Conat des ersten oder wenigstens des zweiten dieser Verbrechen. Auch die Vermittler und Gehülfen (Cartellträger und Secundanten) können nach allgemeinerer Auffassung der Sache, wie nach den meisten Gesezen in der Regel nicht straffrei sein; erst die allerneuesten Strafgeseze haben den höchst bedenklichen Grundsaz aufgestellt, dass die Secundanten als solche niemals, und selbst die Cartellträger nicht immer zu strafen seien; nur die Anhezer zum Zweikampf sollen niemals ungestraft bleiben [139].

70. Auch der Selbstmord ist ein Verbrechen; aber es fehlt an geeigneten Strafmitteln für den vollbrachten [140], wie für den versuchten Selbstmord. Noch weniger giebt es einen triftigen Grund, die Beihülfe zum Selbstmorde, oder die Tödtung auf eigenes Bitten des Getödteten, für straflos zu erklären, auch da wo es grausam scheinen mogte, ihm die Abkürzung seiner Leiden zu versagen [141].

---

schen Ehrengerichte vom 20. Juli 1843 (Gesezsamlung 1844 S. 308 ff.).

139) Preussen 172...174. Bayern 165. Sachsen 253...255.

140) Das durchaus angemessene Verbot des feierlichen Begräbnisses ist keine Strafe, das des kirchlichen oder der Todtenbann (cap. 11. 12. X. de Sepulturis 3, 28) ist nicht zu billigen. Unser gemeines Strafrecht verordnet nur die Gütereinziehung bei dem schuldbewusten Selbstmorde eines bereits peinlich verfolgten oder notorischen Verbrechers. fr. 3. pr. de Bonis eorum (48, 21), fr. 45 §. 2 de Iure fisci (49, 14). PGO. art. 135.

141) Braunschweig 147. 148. Baden 208. Thüringen 121. Sachsen 158.

2. Nicht tödtliche Körperverlezungen.

71. In das weite Gebiet der nicht tödtlichen Körperverlezungen gehören nicht blos die Verwundungen und Lähmungen, sondern auch die Störungen der Seelenkräfte, welche durch äussere Einwirkung bei einem Andern hervorgebracht wurden. Bei einer so unendlichen Mannichfaltigkeit der möglichen Fälle müssen aber begreiflicherweise auch sehr ungleiche Strafen, von geringen Geldstrafen an bis zur Zuchthausstrafe, eintreten; und es kan für die Zwecke dieses Buches nur darauf ankommen, einige der ausgezeichnetsten Fälle besonders zu erwähnen.

Das römische Recht, welches das ganze Gebiet der Körperverlezungen mit den Injurien zusammenstellte, bedrohete in ältester Zeit, gleich dem mosaischen, die schwersten Fälle derselben mit der Talion (§. 48).

Die Carolina (PGO. art. 130) bestraft die Vergiftung, wenn sie bleibende, obwohl nicht tödtliche Folgen gehabt hat, immer mit der Strafe des Mordes; die neueren Geseze mit langwierigem Zuchthaus [142].

Bei anderen Körperverlezungen wird überall ein grofses Gewicht darauf gelegt, ob sie mit bleibenden Nachteilen, namentlich mit dauernder Unfähigkeit zur Arbeit oder zu sonstigen körperlichen Functionen, verbunden sind oder nicht; denn in dem ersten Falle wird nicht nur die Entschädigungsumme, sondern auch die Strafe bedeutend gesteigert. Eigentümlich ist aber im preussischen Rechte die dem französischen entlehnte Bestimmung : dass nicht blos die bleibende Verstümmelung oder Lähmung, sondern auch jede mehr als zwanzigtägige Krankheit oder Arbeitsunfähigkeit des Mishandelten die Zuchthausstrafe zur Folge haben soll [143]. Das

142) Preussen 197. Bayern 234. Württemb. 269. Hannov. 244. Hessen 278. Nassau 271. Baden 244. Sachsen 215.

143) Preuss. Strafgesez 193, aus Code pénal 309. 310. Beim

neueste bayerische Recht (art. 234) unterscheidet in ähnlicher Weise die mehr als fünftägige und die mehr als sechzigtägige Krankheit oder Arbeitsunfähigkeit.

3. Die Entweihung des Körpers.

72. Die s. g. Fleischesvergehen (delicta carnis) umfassen alle unerlaubten Befriedigungen des Geschlechtstriebes: die einfache Unzucht (stuprum) so wie die qualificirten Arten, nemlich des Incestes, des Ehebruchs, der Bigamie, der Verführung durch Betrug und Ueberredung, der Notzucht und der widernatürlichen Wollust. Denn der Mangel des Widerspruchs kan zwar die Strafbarkeit mancher dieser Fälle bedeutend mindern, nicht aber sie gänzlich aufheben. Doch wird die einfache Unzucht nicht überall bestraft, wenn sie nicht gewerbmäfsig betrieben wurde; und zur Bestrafung des einfachen Ehebruchs verlangen einige Rechte die Trennung der Ehe und den Antrag des verlezten Gatten [144], andere schliessen sie aus, wenn er die Nichtbestrafung beantragt [145].

Die gewöhnliche Strafe der Fleischesvergehen ist temporäres Gefängnis; bei der Bigamie, dem Incest, der Anwendung von Betrug, Gewalt, von geistigen oder amtlichen Einflüssen wird sie zum Zuchthaus gesteigert [146], wogegen bei der einfachen Unzucht sonst auch einfache Geldstrafen (s. g. Hurenbrüche) nicht selten waren.

Auch die Hülfleistung bei diesen Vergehen, die Kuppelei (lenocinium), wird mitunter mit Zuchthaus bestraft, selbst bei milderer Bestrafung des Hauptdelicts [147].

Raube soll dieser Umstand sogar lebenslängliches Zuchthaus nach sich ziehen. Preuss. §. 233.

144) So in Oesterreich 503, Bayern 218, Sachsen 263.

145) So nach dem preuss. Strafgesez §. 140 vgl. Bd. II §. 140.

146) Notzucht straft die PGO. art. 119 mit dem Tode. vgl. oben Note 77.

147) vgl. Preuss. Strafgesez §. 148.

B. Verlezungen persönlicher Rechte.

1. Freiheitsverlezung, Zwang.

73. Zu den Freiheitsverlezungen gehört teils der Menschenraub überhaupt (plagium) und die Entführung (raptus) insbesondere, teils die widerrechtliche Einsperrung. Bei der Entführung wird die Absicht einer ehelichen oder unehelichen Verbindung des entführten Frauenzimmers mit dem Entführer oder einem Dritten vorausgesezt; alle sonstige Zwecke: Gefangenschaft, Aussezung, eigenmächtige Erziehung, Bettelei, Sclaverei, Kriegs- oder Matrosendienst u. s. w., gehören zum Plagium. Für alle diese Fälle gilt jezt das Zuchthaus, früher der Tod, als regelmäfsige Strafe; nur wenn die Entführte sich freiwillig ihren Eltern oder Pflegern entreissen lies, genügt einfaches Gefängnis [148].

Bei der Einsperrung ohne Menschenraub komt es wesentlich auf die näheren Umstände, und auf die Dauer der Freiheitsberaubung an; schwerere Fälle sind gleichfals mit dem Zuchthaus bedrohet [149].

Augenblikliche Angriffe auf die Freiheit des Körpers oder des Willens gehören zu der uis priuata, wenn sie ohne Waffengewalt verübt wurden, und nicht, wie z. B. bei der Notzucht oder dem Raube, in besondere Verbrechen übergingen. Waffengewalt macht sie zur uis publica [150].

2. Verlezung der Familienrechte.

74. Die Entfernung, Unterschiebung oder Umwechselung eines Kindes, so wie die Unterdrückung oder Fälschung der auf dessen Familienstellung oder Standes-

148) Strenger ist der Code pénal art. 356, wenn das Mädchen noch nicht sechzehnjährig ist.

149) vgl. Preuss. Strafgesez §. 204...211. Sachsen 197.

150) s. oben Note 113. Dig. 48, tit. 6. 7.

rechte bezüglichen Urkunden, wird in der Regel mit Zuchthaus oder Arbeitstrafe geahndet, unabhängig von der Bestrafung der sonstigen damit noch etwa zusammenhängenden Verbrechen [151].

3. Die Ehrenkränkung.

1. Begrif und Arten der Injurie.

75. Unser gemeines Recht kennt eine weitere und eine engere Bedeutung des Wortes Injurie. Im weiteren Sinne ist es jedes Benehmen, welches zugleich eine Rüksichtlosigkeit, eine persönliche Geringschäzung des Gegners zu erkennen giebt [152]; im engeren ist es die absichtliche persönliche Herabwürdigung desselben. So z. B. wird das unziemliche Eindringen in eine fremde Wohnung (Störung des Hausfriedens) [153], das Belästigen eines Andern durch Rauch, das Verraten anvertraueter Geheimnisse, die Testamentseröfnung bei Lebzeiten des Testirers, die anstöfsige Rede in Gegenwart ehrbarer Frauen auch da als Injurie behandelt, wo an einen directen Angrif auf die Ehre des Gekränkten nicht gedacht ward: genug dass der Beleidiger rüksichtlos in die Kreise des Andern überzuschreiten gewagt hatte.

Dieser weitere Begrif der Beleidigung hängt aber hauptsächlich damit zusammen, dass sie im römischen Rechte zu den s. g. Privatdelicten gehörte, bei welchen es nur in seltenen Fällen zu einem wirklichen Strafverfahren kommen konte. Jezt hat dieses Verhältnis sich

---

151) Preussen 138. 183. Bayern 267...270. Sachsen 285. 314. Württemberg 371. Braunschweig 181. Hannover 255. 256. Hessen 397. Baden 471...76. Thüringen 249.

152) Die blos etymologische Erklärung römischer Juristen: »generaliter dicitur iniuria omne quod non iure fit« (Collatio legum Mos. II, 5. §. 1) gehört gar nicht hieher.

153) Preussen 346. Bayern 157. — Osenbrüggen der Hausfriede 1857.

umgekehrt, und seitdem hat sich zwischen blofser Kränkung und eigentlicher Injurie ein schärferer Gegensaz bilden müssen. Jene kan entweder gar nicht, oder nur im Civilprozesse verfolgt werden; doch pflegt auch die Injurie nur auf Antrag des Beleidigten gestraft zu werden [154], und die Befugnis zur Stellung solcher Anträge ist, wie im römischen Rechte die eigentliche Injurienklage, meist an sehr kurze Fristen, höchstens von fünf Jahren [155], gebunden.

76. Was zu der eigentlichen Injurie gehöre, das bestimmt sich im Einzelen sehr häufig nur durch Sitte und Convenienz; überall aber werden sich gewisse allgemeine Classen derselben sondern lassen.

Wir unterscheiden die thätliche oder Real-Injurie, die Verbal- und die symbolische Beleidigung. Die schwersten thätlichen Injurien sind die Angriffe auf den Körper; in Rom gehörten sie stets zur atrox iniuria (§. 78). Die wörtlichen Injurien können in Schmähreden und Schmähschriften (famosi libelli) [156], die symbolischen in Geberden, in bildlichen Darstellungen und jeder anderen sinnlich wahrnehmbaren Thatsache bestehen.

77. Auch die Verleumdung gehört in das Gebiet der Injurie; nicht blos die Behauptung oder Verbreitung ganz unwahrer Thatsachen, sondern auch die Entstellung der wahren, z. B. wenn aus der einmaligen Entwendung die bleibende Eigenschaft eines Diebes gemacht würde. Aber selbst die wahren unehrenhaften

---

154) vgl. Einführungsgesez zum Preuss. Strafgesez art. XVI.

155) Von einem Jahre in Rom, jezt in Sachsen und Thüringen; von drei Monaten in Preussen und Bayern.

156) Der bei uns eingebürgerte Name Pasquill ist, wie das italienische pasquinata, von der Statue des s. g. Pasquino (Pasquinello) in Rom herzuleiten.

Dinge sollen nicht lediglich um zu beleidigen verbreitet werden; man soll durch ein gerechtes Motiv veranlast sein, von ihnen zu reden, mithin auch nur in der diesem Motive entsprechenden Form von ihnen reden. Nur unter dieser Beschränkung kan der Beweis der Wahrheit (exceptio ueritatis) den Beleidiger vor Strafe schüzen [157].

78. Die Injurie ist qualificirt (atrox), wenn sie durch ihre Form, durch Ort, Zeit, Gegenstand, oder durch die Ehrerbietung gebietende Persönlichkeit des Beleidigten gesteigert wird. Vor Allem gehört also die Majestäts- und die Amtsbeleidigung (§. 56. 59) zu diesen qualificirten Injurien; ferner die Verhöhnung fremder religiöser Ueberzeugungen, die absichtliche Störung der kirchlichen Andacht oder die Entweihung der für dieselbe bestimmten Gegenstände oder Gebäude. Nur bei dem ernsten Kampf für den eigenen Glauben, wenn er mit würdigen Waffen geführt wird, darf von Schmähung oder gar von Gotteslästerung (Blasphemie) nie die Rede sein.

79. Die Injurie ist zugleich unmittelbar und mittelbar, wenn der Beleidigte unter dem Schuz eines besonderen Familienverhältnisses steht, wie die Ehefrau und das abhängige Hauskind. Damit ist freilich nur selten die Wirkung verbunden, dass beide Beteiligte ganz unabhängig von einander den Beleidiger verfolgen dürften, oder dass diesen immer eine doppelte Strafe treffen könte [158]. Das Recht der Erben dagegen, das Andenken eines Verstorbenen gegen Schmähungen zu schüzen, kan aus der Annahme einer mittelbaren Injurie nicht wohl abgeleitet werden.

---

157) vgl. Preuss. Strafgesez §. 157. 158. Sachsen 237...241.
158) vgl. Preuss. Strafgesez §. 162. Sachsen 246.

2. Die Strafen der Injurie.

80. Für die Strafen der Injurie ist dem Richter ein sehr freies Ermessen offen zu lassen, wenn anders ihre Wirkung dem Zwecke entsprechen soll. Geld- und Gefängnisstrafen bilden bei nicht qualificirten Injurien die Regel; Ehrenstrafen und körperliche Züchtigung [159] kommen auch im gemeinen Rechte jezt selten zur Anwendung.

Die Geldbufse stellt das gemeine Recht zur Verfügung des Beleidigten, wenn er „ästimatorisch" geklagt hatte; sonst, wie auch nach allen neueren Gesezen, ist sie für öffentliche Zwecke zu verwenden. Ganz eigentümlich ist dem germanischen Rechte die Strafe der Abbitte und Ehrenerklärung; nur der damit verbundene Widerruf war schon den Griechen, als Palinodie, nicht unbekant. In den neuesten Strafgesezen ist sie ganz verschwunden.

C. Vermögensverlezungen.

1. Uebersicht.

81. Das weite Gebiet der Vermögensverlezungen umfasst drei Hauptclassen: die Zerstörung und Beschädigung, die Entreissung und Entwendung, und den Betrug.

Ueber die erste dieser drei Classen genügt es zu bemerken, dass ihre Strafbarkeit sich nach dem Maasse der dabei eintretenden Gemeingefährlichkeit (§. 63) steigern muss, namentlich auch dann, wenn bei der Zerstörung oder Beschädigung ein politisches Verbrechen, z. B. ein Aufstand, bezwekt oder begangen wurde [160]. Die geringeren Fälle, z. B. durch rechtwidriges Betreten oder Befahren fremder Pflanzungen, Wege u. s. w. gehören zu den blofsen Uebertretungen [161].

159) Von der Talion bei Verstümmelungen s. §. 48. 71.

160) vgl. Preuss. Strafgesez §. 281. 284.

161) vgl. Preuss. Strafgesez §. 347.

Um so mannichfaltiger sind die Bestimmungen über die zweite Classe, deren Hauptarten: Raub und Diebstahl, einer gesonderten Erörterung bedürfen.

2. Raub und Erpressung.

82. Raub (rapina) ist die Entziehung einer beweglichen Sache durch Anwendung oder Androhung einer gleichzeitigen Gewaltthat gegen den Besizer; also eine besondere Gattung des crimen uis (§. 73), welches aber auch die Austreibung aus Grundstücken umfasst. Der Raub wird zum Raubmord (latrocinium), wenn das Leben des Beraubten absichtlich bedrohet wurde; auch der bewafnete, der Strafsenraub (brigandage) und die Wegelagerung (grassatura) gelten als schwerere Abarten. Der ertappte Dieb, der seinen Diebstahl, nicht blos seine Person, mit Waffen verteidiget, wird dem Räuber meistens gleich gestellt [162].

Dagegen ist statt des Raubes nur das Verbrechen der Erpressung (menace) anzunehmen, wenn nur mit künftigen Gewaltthaten gedrohet ward. Wer aber mit dem Misbrauch einer Amts- oder Familiengewalt drohet, der begeht das Verbrechen der Concussion.

Die Strafe des Raubes ist nach der peinlichen Gerichtsordnung (art. 126) der Tod, jezt in der Regel langwieriges, selbst lebensländliches Zuchthaus; bei den leichteren Arten der Erpressung oder Concussion mitunter auch nur einfaches Gefängnis [163]. Nur wegen erfolgter Tödtung, auch wohl wegen Verstümmelung, Geisteszerrüttung oder Peinigung des Beraubten, soll die Todesstrafe nach manchen neueren Gesezen eintreten [164].

---

162) Preuss. Strafgesez §. 230. Bayern 274. Sachsen 280. Hannover 322. Hessen 345. Baden 41?. Thüringen 152.

163) Preuss. Strafgesez §. 231..236. Oben Note 143. Vom älteren Landzwang s. oben Note 24.

164) Bayern 302. Sachsen 177. Hannover 332. Hessen 346. Baden 412. Von den Privatstrafen s. Bd. II. §. 399.

3. Diebstahl, Unterschlagung, Hehlerei.

1. Begrif.

83. Bei dem häufigsten aller Verbrechen: dem Diebstahl, begegnen wir einem auffallenden Schwanken über die Frage, was zum Begriffe des Diebstahls gehöre.

Dass dabei die vulgäre Ausdruksweise, welche jede rechtswidrige Bereicherung auf fremde Kosten als Diebstahl zu bezeichnen erlaubt, als ganz unjuristisch bei Seite zu lassen sei, versteht sich von selbst; doch liesse es sich wohl verteidigen, wenn man gewisse Fälle als formellen, andere, namentlich die Unterschlagung, als blos materiellen Diebstahl bezeichnete.

Ausgemacht und allgemein bekant ist, dass namentlich zu dem römischen furtum viel mehr gehörte, als zu dem Diebstahl im deutschen Rechte; ja es gab in Rom eine Zeit, wo ein furtum sogar an Grundstücken für möglich gehalten wurde. Die spätere römische Definition aber:

contrectatio rei fraudulosa, lucri faciendi gratia, uel ipsius rei, uel etiam usus eius, possessionisue [165],

umfasste nicht nur zugleich die Unterschlagung und Hehlerei des gestohlenen Gutes [166], sondern auch den sonstigen Misbrauch fremder und selbst eigener Sachen, wenn er nur mit einer rechtswidrigen contrectatio, d. h. in einer Ortsveränderung, einer Dislocation, verbunden und in gewinnsüchtiger Absicht begangen wurde. So galt als

---

165) Paulus fr. 1. §. 3 de Furtis (Dig. 47, 2).

166) Das s. g. furtum conceptum. Gaius instt. III, 186. Vlpianus fr. 1 de Fugitiuis (Dig. 11, 4): »is qui fugitiuum celauit, fur est.« — Auch die neueren Strafgeseze haben die Hehlerei und »Partiererei« (Sachsen 292. 293. Altenb. 239. 240) unmittelbar mit dem Diebstahl zusammen gestellt, obwohl sie auch bei dem Raube und anderen Vermögensverlezungen vorkommen kan; das preussische (§. 237 .. 240) hat beides gesondert.

Furtum die Zueignung des anvertrauten, der wissentliche Ankauf des dem Verkäufer fremden Gutes; ferner die Entwendung der eigenen aber verpfändeten, ja selbst die vertragwidrige Benuzung einer mietweis besessenen Sache. Auch die zu Gunsten eines Dritten verübte Entwendung soll als Furtum verfolgt werden, weil dem Diebe das „lucrum" bleibt, sich diesen Dritten verpflichtet zu haben [167].

84. Dagegen betrachtet das deutsche Recht nur die wirkliche Bemächtigung des fremden Gutes als Diebstahl, und auch diese im Ganzen nur, wenn die Sache zugleich dem Gewahrsam, den „Wehren" eines Anderen entrissen wurde. Denn der s. g. Funddiebstahl, an verlorenen Sachen, wird wenigstens in den neueren Gesezen richtiger als Unterschlagung behandelt, d. h. als Vorenthaltung oder Veruntreuung von Dingen, die sich bereits in den Händen des Veruntreuers befinden [168].

Nicht wesentlich ist auch nach deutschem Rechte die Heimlichkeit der That, wenn nur bei dem offenen Diebstahl kein persönlicher Angrif gegen den Bestohlenen, oder keine Androhung desselben hinzukam, wodurch der Fall des Raubes (§. 81) eingetreten sein würde [169].

---

167) Gaius, fr. 54 (56) §. 1 de Furtis (Dig. 47, 2): »species enim lucri est, ex alieno largiri, et beneficii debitorem sibi acquirere. Vnde et is furti tenetur, qui ideo rem amouet, ut eam alii donet.« — Dass das französische Strafgesez über die Absicht des Entwenders gar kein Erfordernis aufstellt, war von den kölner Geschwornen in dem ersten Prozesse über den berüchtigten Cassettendiebstahl des J. 1846 übersehen worden. vgl. auch Beseler Commentar über das preuss. Strafgesez S. 409 ff.

168) vgl. Preussen 225...229. Sachsen 291. Bayern 299. In der PGO. art. 170 wird die Untreue des Depositars »dem Diebstahl gleich« zu strafen vorgeschrieben. Der Code pénal art. 408 macht daraus nur einen »abus de confiance«.

169) Im französischen Strafgesez ist freilich selbst diese Be-

2. Arten und Strafen des Diebstahls.

85. Unter den vielerlei Arten des Diebstahls sind hier nur diejenigen hervorzuheben, welche durch härtere Strafen ausgezeichnet sind, und deshalb als qualificirte oder ausgezeichnete Diebstähle dem einfachen oder gemeinen[170] gegenüber stehen. Es ist wilkürlich, und practisch nuzlos, wenn einzelne neuere Criminalisten unter dem qualificirten Diebstahl nur diejenigen Fälls verstehen wolten, die in der peinlichen Gerichtsordnung mit dem Tode bedrohet waren, während sie andererseits für einige von dem Gesez mit besonderer Nachsicht behandelte Fälle die Namen „gesezlich ausgezeichnete“ oder „privilegirte“ erfanden[171].

Qualificirt, in dem obigen weiteren Sinne des Wortes, sind nach gemeinem Rechte: 1) der offene oder handhafte, 2) der grofse, 3) der gefährliche, 4) der Diebstahl besonders geschüzter Sachen, 5) der wiederholte Diebstahl; neuere Geseze haben noch 6) den Hausdiebstahl hinzugefügt.

86. Nach der peinlichen Gerichtsordnung soll es bei dem ersten einfachen Diebstahl mit blofsen Geldbufsen und Ersaz des doppelten Werthes sein Bewenden haben[172], so dass Gefängnisstrafe nur im Falle des Un-

---

schränkung hinweggefallen; denn obschon die art. 379. 380 den Diebstahl (vol) als »soustraction frauduleuse« bezeichnen, wird doch in den nächstfolgenden Artikeln auch der Raub nur als »vol commis avec violence« behandelt; ja selbst der gewaltsame Zwang (§. 73. 82), die Erpressung und die Gaunerei (larcin et filoutrie) sind in den Artikeln 400. 401 unter die allgemeine Rubrik vom Diebstahl gestellt worden.

170) Die peinliche Gerichtsordnung art. 157 nennt ihn den allerschlechtesten heÿmlichen diebstall.

171) So Feuerbach §. 323.

172) Die gänzliche Straflosigkeit des heimlichen Diebstahls im

vermögens an die Stelle trit. Nach den neueren Gesezen hingegen ist diese Gefängnisstrafe zur Regel geworden, so dass nur in seltenen Fällen, bei blos polizeilicher Ahndung, die Geldstrafen noch zugelassen werden [173].

87. Der offene Diebstahl (furtum manifestum) ist im rechtlichen Sinne nicht blos der offen begangene, sondern auch der sofort entdekte, in sofern der Dieb mit der gestohlenen Sache betreten oder beschrieen wird, ehe sie ihren Bestimmungsort des ersten Tages erreicht hat [174]. Die peinliche Gerichtsordnung will ihn, abgesehen von allen anderen Erschwerungsgründen, mit Pranger, Ruthenhieben und Landesverweisung bestrafen; doch soll im Falle zu hoffender Besserung und mit Genehmigung des Oberrichters, auch die Strafe des einfachen heimlichen Diebstahls (§. 85) genügen dürfen, nur unter Steigerung des Ersazes auf den vierfachen Betrag, die poena quadrupli des römischen Rechts. Die neueren Geseze haben die schärfere Bestrafung dieses Falles ganz aufgehoben.

88. Als grofsen Diebstahl bezeichnet die peinliche Gerichtsordnung denjenigen, welcher den Werth von

---

frühesten Alterthum war schon den Römern sehr anstöfsig. Gellius XI, 18. Diodor. Sicul. I. 91. vgl Michaelis mosaisches Recht § 282 ff.

173) Nach dem preuss. Strafgesez §. 216. 227. 237. 347. 349 ist, unter Voraussezung mildernder Umstände, die geringste Strafe des Diebstahls und der Hehlerei achttägiges, der Unterschlagung eintägiges Gefängnis. Blofse Geldstrafen kommen fast nur bei der sofortigen Aufzehrung von entwendeten Lebensmitteln zur Anwendung.

174) Der römische Begrif des furtum manifestum und die deutsche Bezeichnung des auf handhafter That betroffenen Diebes sind zwar an sich verschieden, in der peinlichen Gerichtsordnung art. 158 aber erscheinen sie verschmolzen.

fünf Gulden (Ducaten) übersteigt[175]. Sie überläst die Strafe dem Ermessen des Richters, und da dieser insbesondere auch die Gröfse des angerichteten Schadens berüksichtigen soll, so gilt die freiwillige Restitution des Gestohlenen, vor Anfang der gerichtlichen Untersuchung, hier als vorzüglicher Milderungsgrund[176]. Zuchthaus ist die regelmäfsige Strafe.

Unter den neueren Strafgesezen haben Einige, z. B. das neueste preussische und der Code pénal, auf die Gröfse des Diebstahls gar kein Gewicht gelegt; Andere haben die Grenze anders gezogen. So namentlich das österreichische (173. 176), welches bald fünf bald 25 Gulden, das bayerische (274. 75. 282), welches zehn, hundert und tausend rheinische Gulden, das württembergische, welches 5, 25, 100, 500, 2000 Gulden als Maasstab der Strafbarkeit unterscheidet. In Sachsen bilden 10 und 50 Thaler, in Altenburg 5, 10, 50, in Braunschweig 15, in Hannover 5, 20, 100, 500 und 2000 Thaler die entscheidenden Stufen der Strafbarkeit.

89. Unter dem s. g. gefährlichen Diebstahl werden alle diejenigen Fälle verstanden, welche eine besondere Beflissenheit des Diebes in der Ausführung des Verbrechens, einen hohen Grad von verbrecherischer Willensthätigkeit (Gefährde, d. h. Böswilligkeit)[177], erkennen lassen. Dahin gehört besonders 1) der bewafnete Diebstahl, 2) der Diebstahl „dazu gestiegen oder gebrochen worden“ (PGO. 159). Steigen und Einbrechen umfasst aber im Sinne der peinlichen Gerichtsordnung,

175) PGO. art. 160. 157. vgl II. Feud. 27. §. 8.

176) Zur Aufhebung der Strafe genügt sie nur nach einzelen neueren Gesezen. Oesterreich 187. Bayer. Novelle vom 25. März 1816 art. XI, wieder geändert im Strafgesb. art. 74.

177) Die Uebersezung: furtum periculosum ist falsch, denn auf die persönliche Gefahr für den Bestohlenen wird dabei wenigstens nicht immer gesehen.

welche solche Diebstähle mit dem Tode bestrafen will, nur die ausserordentlichen Mittel, um in eine Behausung oder ein Zimmer zu gelangen, nicht die Benuzung gewöhnlicher Treppen oder das Aufbrechen verschlossener Schränke und Mobilien.

Die neueren Gesezgebungen gehen hierin meistens viel weiter, während sie die Strafe gemildert haben: sie verstehen unter dem Einsteigen (escalade) auch das Einkriechen, und die Anwendung von Beidem auf umschlossene Höfe und Gärten; unter Einbrechen auch die Benuzung falscher Schlüssel, und die Eröfnung verschlossener Behälter ohne Benuzung des rechten Schlüssels (effraction intérieure); endlich stellen sie auch wohl jedes nächtliche Eindringen, oder jedes Eindringen mehrer Diebe in ein bewohntes Gebäude, in ein bewohntes Schif, ein amtliches Geschäftslocal, ein dem regierenden Hause gehöriges oder zum Gottesdienst bestimmtes Gebäude, jenen geflissentlichen Diebstählen gleich. Doch sind in diesen und einigen ähnlichen Stücken gar viele Ungleichheiten unserer Geseze zu beklagen[178].

90. Als Diebstahl besonders geschüzter Sachen wird im römischen Rechte ausgezeichnet der Peculat und das Sacrilegium, d. h. die Entwendung von Staatsgut, und von geweihetem Kirchengut oder an geweiheten Orten. Die peinliche Gerichtsordnung (art. 171 ... 175) schreibt nur für das Sacrilegium härtere Strafen vor, die in einem Falle bis zum Feuertode gesteigert werden solten. Neuere Geseze dagegen haben auch wohl das Pri-

---

178) vgl. Preuss. Strafgesez § 218. 220...224., wo Zuchthaus bis zu zehn Jahren und Stellung unter Polizeiaufsicht für solche Fälle angedrohet werden. Code pénal art. 381 ..386. 389...398., wo sogar von Todesstrafe und lebenslänglicher Zwangsarbeit die Rede ist, weil der Raub mit dem gewaltsamen Diebstahl vermengt wird.

vateigentum, welches weniger bewahrt werden kan, z. B. Privatgrabstätten, Ackergeräte, Thiere, geschlagenes Holz im Walde oder während des Transportes, Postgüter, Effecten der Reisenden u. s. w. durch längere oder schwerere Freiheitstrafen zu schüzen unternommen[179].

91. Bei dem wiederholten Diebstahl findet sich ein diesem Verbrechen und der Hehlerei eigentümlicher Unterschied zwischen dem ersten und dem zweiten Rükfall[180]. Für jenen verlangt die peinliche Gerichtsordnung (art. 161. 162) nur arbiträre Strafschärfungen, für diesen die Todesstrafe. Das ältere preussische Strafrecht bedrohete den dritten Rükfall mit lebenslänglicher Zuchthausstrafe; nach dem neuen Strafgesezbuch solte bei dem zweiten unter allen Umständen zeitige Zuchthausstrafe eintreten[181], wogegen das Gesez vom 9. März 1853 sehr zwekmäfsig bei einfachen Diebstählen und Hehlereien wegen mildernder Umstände eine Herabsezung bis auf sechsmonatiges Gefängnis gestattet. Lebenslängliches Zuchthaus wegen wiederholter Rükfälligkeit ist, mit Ausnahme des thüringischen[182], in keinem neueren Strafgeseze angedrohet worden[183].

Bei der Hehlerei wird übrigens mit Recht auch der gewerbmäfsige Betrieb besonders schweren Strafen unterworfen[184].

---

179) vgl. Preussen 217. 218. Hannover 287. Thüringen 217.

180) s. oben §. 31. Nur die sächsischen Strafgeseze (Sachsen 82. Altenb. 58) gedenken des wiederholten Rükfalls auch bei allen anderen Verbrechen.

181) Preuss. Landrecht II, 20. §. 1161. 62. 1183. Strafgesezbuch 219. 240.

182) art. 227. Diese Ausnahme ist aber für Anhalt verworfen worden.

183) vgl. Altenburg 240. Württemberg 335...338. Hessen 373. 374. Baden 384. Nassau 366,..68. Sachsen 277. 300. Bayern 275. 276.

184) In Preussen (239) Zuchthaus bis zu 15 Jahren, und Stellung unter Polizeiaufsicht; vgl. Hannover 303.

92. Den Hausdiebstahl, d. h. die von dienstbaren Hausgenossen und Arbeitsgehülfen verübte Entwendung, hatte das ältere Strafrecht nicht besonders ausgezeichnet. Später ward einerseits die Strafe desselben geschärft, andererseils dagegen, wenigstens bei geringem Betrage, die Strafverfolgung wie beim Familiendiebstahl (§. 93) von dem Antrage des Verlezten abhängig gemacht. Beides hatte das Preussische Landrecht und hat auch jezt noch das österreichische Strafgesez combinirt[185]; in Baden und Thüringen ist jezt nur noch die bedingte Strafverfolgung unter Familiengliedern beibehalten[186], während die meisten Gesezgebungen an der strengeren Strafe des Hausdiebstahls festhalten[187]. Nur die furchtbare Härte des französischen Code pénal, der für jeden, auch den geringsten Hausdiebstahl die Zuchthausstrafe angedrohet hatte (art. 386), ist überall ohne Nachahmung geblieben. Die neuesten Gesezbücher von Sachsen und Bayern schweigen ganz von diesen Fragen.

93. Es bleiben jezt noch die milder behandelten Diebstähle zu erwähnen übrig. Zu diesen gehören nach gemeinem Rechte:

1) Die Entwendung oder Unterschlagung unter nahen Verwandten, namentlich wenn unter ihnen ein präsumtives künftiges Beerbungsverhältnis besteht. Die Untersuchung von Amtswegen ist dann schon nach der peinlichen Gerichtsordnung ganz ausgeschlossen[188]. Die

185) Preuss. Landr. II, 20. §. 1137...1140. Oesterr. Strafgesezbuch 176. 525, früher I, 156. II, 269.

186) Baden 391. Thüringen 229.

187) Württemberg 328. Braunschweig 215. Hannover 287. Hessen 364. Preussen 217. Entwurf für Bremen §. 397. vgl. oben §. 32. Auch das ältere bayerische Strafgesez art. 318 war hierin sehr strenge.

188) PGO. 165, wo auf die römische actio rerum amotarum unter Ehegatten, statt der furti actio, hingedeutet wird.

neueren Geseze verlangen ebenfals, dass der Verlezte oder der Hausvater die Bestrafung des Ascendenten, Descendenten, Gatten, Geschwisters oder Pfleglings wegen Entwendung beantrage; nur das preussische Strafgesez geht noch weiter, indem es für Ascendenten und Ehegatten gänzliche Straflosigkeit vorschreibt, die aber den Hehlern und Diebesgehülfen nicht zu Gute kommen soll [189].

2) Die Entwendung von Lebensmitteln („essenden Dingen"), wenn sie „aus rechter hungersnott" geschieht, oder doch mit sofortiger Verzehrung verbunden ist [190].

4. Betrug und strafbarer Eigennuz.

1. Betrug.

94. Die Strafbarkeit des Betruges richtet sich mehr nach den dabei angewandten Mitteln, als nach seinen Zwecken und Erfolgen.

In der ersten Beziehung kan man den einfachen und den qualificirten Betrug unterscheiden, und zu dem qualificirten alle Fälle rechnen, in welchen die Täuschung durch künstliche Mittel: durch Zusammenwirken mehrer Personen, durch falsche Beweismittel, oder bei den Richtern und Vorgesezten des Gegners bewirkt oder versucht wurde [191].

---

s. Band II. §. 408. Oesterreich 189. 463. Sachsen 302. Bayern 290.

189) Preuss. Strafgesez §. 228. 229.

190) PGO. 166. 167. a. e. 175. Preussen 349. Sachsen 303 u. a. m. In Ermangelung speciellerer Geseze würde hier auf den Nothstand überhaupt (oben §. 29. 30) Rüksicht zu nehmen sein. vgl. Bayern 67. Oesterreich 174, II. a.

191) Recht scharf ist die Grenze nicht wohl zu ziehen. Auch die Münzfälschung (§. 60) und die Vergiftung (§. 71) würden zum qualificirten Betruge gehören, wenn sie nicht zugleich noch schwerere Verbrechen enthielten.

Der einfache Betrug wird in der Regel nur bestraft, wenn er zu gewinnsüchtigen Zwecken, und auf Kosten des Betrogenen verübt wurde. Doch kan auch der Betrug aus Eitelkeit strafbar werden, wenn dadurch in die Hoheitsrechte des Staats oder in bestimmte Familienvorrechte eingegriffen wurde, z. B. bei unbefugter Anmaassung von Titeln, Ehrenzeichen, Familiennamen.

Das römische Recht bezeichnet den einfachen strafbaren Betrug als Stellionat[192]; bei uns sind die wichtigeren Fälle desselben als Schwindelei, Gaunerei, einfacher Bankerott, Prellerei (escroquerie)[193] besonders ausgezeichnet worden.

Die Strafen dieser Vergehen sind zeitiges Gefängnis und Ehren-, oft auch nur Geldstrafen.

Dritten Personen, die durch indirecte Folgen eines Betrugs verlezt worden sind, pflegt nur die einfache Schadensklage übrig zu bleiben.

95. Der qualificirte Betrug umfasst hauptsächlich:

1) Die Fälschung von Urkunden (§. 74), Maassen, Gewichten, Münzen (§. 60), Grenzzeichen, zum Theil selbst von Fabricatenzeichen und Etiquetten;
2) den betrüglichen Bankrott, namentlich mit Hülfe falscher Handelsbücher, oder unter Verheimlichung von Activbeständen[194], und die betrügliche Assecuranz;
3) die falsche Criminal-Anklage (calumnia), die simulirte gerichtliche Parteirolle (praeuaricatio),

192) Vlpianus fr. 3 §. 1 Stellionatus (47, 20): Stellionatum obiici posse his, qui dolo quid fecerunt, sciendum est: scilicet, si aliud crimen non sit, quod obiiciatur. Quod enim in priuatis iudiciis est de dolo actio, hoc in criminibus stellionatus persecutio.

193) Code pénal 402...405. Ueber filouterie s. oben Note 169.

194) Die Reichspolizeiordnung von 1577 tit. 23 §. 1 stellt ihn dem Diebstahl gleich.

das falsche Zeugnis, den Meineid (peieratio), den Eidesbruch (periurium) und Urfehdebruch;

4) die Erpressung durch simulirte Amtsgewalt, Concussion in diesem Sinne (vgl. §. 62. 82).

Diese Verbrechen konten nach der peinlichen Gerichtsordnung sogar mit dem Tode gestraft werden[195]; jezt bilden Zuchthaus und Entziehung politischer Rechte die Regel[196]. Ob der Betrogene oder ein Dritter durch den Betrug beeinträchtiget wurde, macht hier wenigstens keinen sehr wesentlichen Unterschied.

2. Strafbares Darlehen, Wucher.

96. Der Wucher im weiteren Sinne umfasst jede Speculation auf die Noth des Gegners, die grobe Uebervorteilung desjenigen, der durch die Umstände zur Eingehung eines Rechtsgeschäfts gezwungen wird; die heutigen gesezlichen Strafen aber treffen höchstens noch die dahin gehörigen Misbräuche im Victualienhandel (Dardanariat)[197] und im Gelddarlehen.

Bei dem Gelddarlehen war es besonders der offene oder verstekte Zinswucher (usuraria prauitas, usure), gegen den die Geseze einschreiten wolten; aber auch gegen das Darlehen an sich, z. B. den s. g. contractus mohatrae (II, §. 330), das Leihen auf Pfänder und die fingirte Darlehnsprovision (II, 353) ist oft ein geseczlicher Schuz unentbehrlich. Die älteren Strafen des Zinswuchers stammten aus dem kanonischen Rechte: sie waren Excommunication, Versagung der Testamentsfähigkeit und

---

195) PGO. art. 112. 113. Meineid und Urfehdebruch bedrohet art. 107. 108 mit Abhauen der Schwurfinger; die falsche Anklage art. 110 mit der Talion (§. 48. 71).

196) vgl. Preuss. Strafgesez 125...134. 259...262.

197) Vlpianus fr. 6 pr. de Extraord. Crim. (47, 11). Getreidewucher, Aufkäuferei, Kauf der Früchte auf dem Halm, gehören besonders dahin.

des christlichen Begräbnisses. Nach den Reichspolizeiordnungen war es eine Geldstrafe, im Belauf eines Viertels des Capitals [198], nach einigen neueren Strafgesezen können zugleich auch Freiheitstrafen eintreten, wenigstens bei dem „gewohnheitmäfsigen“ und dem verstekten Zinswucher [199]. Das französische Recht strafte überhaupt nur den s. g. Gewohnheitswucher, und mit höchstens zweijährigem Gefängnis nur den mit „escroquerie“ (§. 92) verbundenen [200].

Bis zu der Handelskrisis des Jahres 1857 fehlten in keiner deutschen Landesgesezgebung die gesezlichen Strafen des Zinswuchers; seitdem sind sie in mehren Staaten ausdrüklich aufgehoben und die neuesten Strafgesezbücher von Bayern und Lübek schweigen ganz von ihnen, während der bremische Entwurf §. 478 wenigstens den Misbrauch des Pfandrechts noch ahnden will.

3. Strafbare Zufallsverträge.

97. Verbotene Hazardspiele und unerlaubte Lotteriegeschäfte können bei gewerbmäfsigem Betriebe mit Gefängnis bestraft werden; übrigens pflegen verhältnismäfsig hohe Geldstrafen zu genügen.

4. Strafbarer Nachdruk.

98. Die besondere Gattung widerrechtlichen Eigennuzes, welche in der mechanischen Vervielfältigung einer

---

198) Reichspolizeiordnung von 1577 tit. 17 §. 8. Leibesstrafen verhängt nur der tit. 19, bei dem wucherlichen Ankauf ungeernteter Früchte. — Auch das sächsische Strafgesez art. 341 kennt nur Geldstrafen, die bis zum Zehnfachen des widerrechtlich Gewonnenen, oder bis zu 5000 Thalern steigen können.

199) Nach dem preuss. Strafgesez §. 263 von höchstens einem Jahre.

200) Gesez vom 3. Sept. 1807 §. 4. vgl. Code pénal 405.

fremden geistigen oder künstlerischen Schöpfung enthalten ist (Band II §. 199), gehört in das Strafrecht nur in soweit, als ausser der Privatentschädigung mitunter auch noch öffentliche Geldstrafen, Vernichtung der Nachbildungen und ihrer Formen, oder gar Arrest angeordnet sind. Daher ist sie auch bisher nur in dem österreichischen und dem lübekischen Strafgesezbuche[201] als eigentliches Vergehen behandelt worden; die übrigen Staaten haben sie — was auch passender erscheint — nur als Gegenstand speciellerer Geseczgebungen behandelt[202].

III. Vergehen ohne bestimmte Rechtsverlezung.

99. Die Mehrzahl der hieher gehörigen Fälle besteht in der Nichtachtung polizeilicher Anordnungen, wenn wir das Wort Polizei im weiteren Sinne verstehen. Wir würden aber den eigentlichen Zweck dieses Buches verfehlen, wenn wir dabei über die Angabe der Hauptgattungen, die freilich auch oft einander durchkreuzen, hinausgehen wolten.

Die hieher gehörigen Uebertretungen können nemlich gerichtet sein:

1) gegen die Sicherheitspolizei, durch unerlaubte Versamlungen und Verbindungen, durch Passcontraventionen, Fremdenaufnahme u. s. w.;
2) gegen die Gewerbepolizei, durch unbefugten Handel, Schenkstubenbetrieb, Handwerksübergriffe u. s. w.;
3) gegen die Gesundheitspolizei, durch unbefugte ärztliche Praxis, Anwendung gefährlicher Medica-

---

201) Oesterreich 467. Lübek 235. 237.

202) Preuss. Gesez v. 11 Juni 1837. vgl. Hartmann Die neben dem StrGB. für die Pr. Staaten geltenden Strafgeseze 864 S. 176 ff.

mente[203], Verkauf schädlicher Lebensmittel, Halten gefährlicher Thiere, Nichtachtung des Hundebannes u. s. w.;

4) gegen die Strafsen- und Baupolizei;

5) gegen die Armenpolizei, durch Betteln[204], unbefugtes Collectiren, Landstreichen oder Vagabondiren;

6) gegen die Sitten- und Kirchenpolizei, durch Völlerei, Trinken, Zutrinken, Fluchen, leichtfertiges Schwören, Störung der Sonntagsfeier, einfache Unzucht (§. 72).

Für alle diese Arten sind Geldbufsen und subsidiäres Gefängnis die regelmäfsigen Strafmittel.

---

203) Unfruchtbarmachung und Abtreibung der Leibesfrucht gehören zur Körperverlezung (§. 71).

204) Mit Drohungen verbunden, kan die Bettelei zum schweren Verbrechen werden, z. B. zum Landzwang (Note 114).

Zweiter Theil.

Der Strafprocess.

Erstes Kapitel.

Allgemeine Strafprocesslehren.

I. Die Quellen des heutigen Strafprocesses.

100. Die Hauptgrundlage unseres gemeinrechtlichen Strafprocesses, mehr noch als des materiellen Strafrechts, bildet die peinliche Gerichtsordnung von 1532, deren Vorbilder (oben S. 6) in ihren processualischen Theilen sehr viel aus den Schriften italienischer Criminalisten geschöpft hatten. Auch dafür sind aber ast in allen deutschen Staaten neuere Criminalordnungen an die Stelle getreten; selbst Kurhessen und Meklenburg-Schwerin, welche oben (S. 7) bei den codificirten materiellen Strafgesezgebungen nicht genant werden konten, haben gröſsere Criminalordnungen aufzuweisen. Das gesamte Material findet sich in folgenden zwei, einander ergänzenden Samlungen beinahe vollständig gesammelt:

C. F. W J. Haeberlin Sammlung der neuen deutschen Strafprocessordnungen mit Einschluss der französischen und belgischen. Greifswald 1852.

P. Sundelin Sammlung der neuern deutschen Gesetze über Gerichtsverfassung und Strafverfahren. Berlin 1861.

Dazu komt die folgende sehr gründliche systematische Bearbeitung des Inhalts dieser neuen Geseze:

J. W. Planck systematische Darstellung des deutschen Strafverfahrens auf Grundlage der neueren Strafprocessordnungen seit 1848. Göttingen 1857.

Alphabetische Uebersicht dieser Gesezgebungen:

Anhalt-Bernburg: vom 18. März 1850, = Preussen vom 3. Januar 1849.

Anhalt-Dessau-Köthen: vom 28. Mai 1850 (= Thüringen), zum Theil geändert am 10. Sept. 1853 (Sundelin S. 358). — Polizeistrafgesez v. 28. April 1853, darin Th. III über das Verfahren.

Baden: Das Gesez vom 6. März 1854 (Häberlin S. 353 ...420) ist nicht zur Anwendung gekommen, so wenig wie ein Gesez v. 17. Febr. 1849 über die Bildung der Geschwornengerichte. Erst durch Gesez v. 5. Febr. 1851 und Verordnung vom 7. März 1851 (Häberlin 422 ff. Sundelin 188...190) ist zugleich ein Theil jener Strafprocessordnung von 1845 ins Leben getreten. Neue legislatorische Verhandlungen haben 1861 (?) begonnen.

Bayern: Gesez vom 10. Nov. 1848, die Abänderung des zweiten Theils des Strafgesezbuchs vom J. 1813 betreffend (Häberlin S. 235 ff.), in sehr vielen Puncten wieder abgeändert durch das Einführungsgesez zum Strafgesezbuch v. 10. Nov. 1861. s. Die Strafgesezgebung des KR. Bayern 1864 S. 375 ff. vgl. Sundelin S. 108...116. — Dollmann System des bayer. StrProcessrechts I. 1864.

Braunschweig: Gerichtsverfassung v. 21. August, und Strafprocessordnung vom 22. August 1849, eingeführt den 1. Juli 1850 (Häberlin S. 720. 725 ff.), teilweis geändert durch Geseze vom 31. Oct. 1851 bis 22. Nov. 1859 (Sundelin 277...293).

Bremen: Gesez vom 7. Febr, 1851 über öffentl. Schwurgerichte bei Verbrechen wider den Staat und bei Pressvergehen, ist nicht ins Leben getreten. — Entwurf einer StrafprocessO. 1861. — Einstweilen gilt noch der Abschnit 5 der Gerichtsordnung von 1820.

Frankfurt: Gesez über das Verfahren in Strafsachen vom 16. Sept. 1856 (Sundelin 584 ff.).

Hannover: Revidirte StrPO. vom 5. April 1859 (Sundelin S. 117...188), wodurch die Gerichtsverfassung und

StrPO. vom 8. Nov. 1850 (Häberlin S. 281 ff.) teilweis modificirt worden ist.

Hessen-Cassel: Geseze vom 31. Oct. 1848 über Einrichtung der Gerichte und Umbildung des Strafverfahrens, teilweis geändert durch provisorisches Gesez v. 22. Juli 1851. (Häberlin S. 449...522). — StrPO. vom 28. Oct. 1863, gleichzeitig publicirt mit einem Gerichtsorganisationsgesez und einem Civilprocessgesez.

Hessen-Darmstadt: StrPO. v. 28. Oct. 1848, teilweis geändert am 22. und 26. April 1852. Häberlin S. 637 ...720. — Eine neue StrPO. war den Ständen im J. 1864 vorgelegt worden.

Hessen-Homburg: Geseze über die Geschwornengerichte v. 15. Oct. 1850, 21. März 1851, 1. April 1853, 22. März 1859 (Sundelin S. 459...463).

Luxemburg: die holländische StrPO. v. 21. April 1836.

Meklenburg-Schwerin: Criminalordnung für das Criminalcollegium zu Bützow v. 13. Jan. 1817. Verordnungen vom 1. Jan. 1856 und 29. Jan. 1859 (Sundelin S. 626 ff.). — Entwurf einer StrPO. v. 24. Sept. 1853.

Nassau: Schwurgerichtsordnung vom 14. April 1849 (Häberlin S. 637...705), meist wörtlich mit dem Hessen-Darmstädtischen übereinstimmend, teilweis ergänzt und geändert durch Geseze v. 23. Dec. 1851, 16. Juli 1853 und Verordnungen v. 4. Nov. 1853. 4. Jan. 1855 (Sundelin S. 270...276).

Oesterreich: Strafprocessordnung vom 29. Juli 1853, abgeändert und ergänzt durch Verordnungen v. 3. Mai und 20. Juni 1858. (Sundelin S. 1...101).

Oldenburg: 1) Strafprocessordnung vom 2. Nov. 1857. 2) Gerichtsverfassungsgesez vom 29. Aug. 1857. 3) Einführungsgesez v. 26. Oct. 1858 (Sundelin S. 494...580.)

Preussen: 1) Criminalordnung v. 11. Dec. 1805. 2) Strafgesez und StrafPO. für das preuss. Heer, vom 3. April 1845. 3) Verordnung v. 3. Jan. 1849. 4) Einführungsgesez zum Strafgesezbuch vom 14. April 1851. 5) Zusazgesez (zu Num. 3) vom 3. Mai 1852. 6) Gesez vom 14. Mai 1852, über die vorläufige Straffestsezung wegen Uebertretungen. 7) Gesez v. 25. April 1853, betr. die Competenz des Kammergerichts bei Staatsverbrechen u. s. w. 8) Gesez v. 6. März 1854, betr. die Aufhebung der Competenz der Schwurgerichte bei politischen und Pressvergehen. (Num. 3...6 gedrukt bei Häberlin S. 194...232, Num. 7. 8 bei Sundelin S. 104 ff.)

Rheinland (Rheinpreussen, Rheinbayern, Rheinhessen): Code d'instruction criminelle vom 17. Nov. 1808 und Gerichtsverfassungsgesez v. 20. April 1819, für Frankreich vielfach geändert durch Geseze vom 4. März 1831, 28. April 1832 u. a.

Reuss-Greiz: Gesez vom 21. Dec. 1846.

Reuss-Schleiz = Thüringen?

Sachsen (Königreich): Organisationsgesez v. 11. Aug. 1855. StrafPO. vom 13. August 1855, ergänzt 26. Juli 1858 (Sundelin S. 637...750).

Sachsen-Altenburg: StrafPO. v. 27. Febr. 1854 (Sundelin S. 389...458).

Sachsen-Coburg:
Sachsen-Meiningen:
Sachsen-Weimar:
Schwarzburg-Rudolstadt:
Schwarzburg-Sondershausen:
} thüringische StrafprocessO., publicirt im J. 1850, für Coburg mit einigen Aenderungen 1857, für Meiningen teilweis geändert 1856. (Häberlin S. 751...828. Sundelin S. 312...322. 355...358). vgl. Anhalt.

Waldeck: vom 14. Juni 1850, = Preussen. (Häberlin S. 194...229. Sundelin S. 583).

Württemberg: 1) StrPO. v. 22. Juni 1843. 2) Verordnung vom 25. Juli 1848, betr. mündl. und öffentl. Anklageverfahren in Strafprocess-Sachen (Sundelin S. 191 ...194). 3) Gesez über Verfahren in Strafsachen, welche vor die Schwurgerichte gehören, vom 14. August 1849 (Häberlin S. 600...636).

Nachtrag zu S. 8. oben: Das materielle Strafgesez für Württemberg vom J. 1839 ist vielfach modificirt durch Geseze vom 13. August 1849, 17. Juni 1853 und 14. April 1855, vgl. Stengelein Heft IV. S. 14 ff.

II. Wesen und Grundprincipien des Strafprocesses.

A. Seine Aufgaben und Anstalten.

101. Die Aufgaben des Strafprocesses bestehen in der Ermittelung der Uebelthat, des Thäters und seiner

Schuld; in der richtigen Feststellung des Urteils und der gehörigen Vollziehung desselben.

Wie schwierig diese Aufgaben sind, das wird schon die Erwägung zweier Nebenumstände uns erraten lassen.

Einerseits werden die meisten Verbrechen heimlich begangen; selbst die etwa vorhandenen Beweismittel werden geflissentlich vernichtet, während man in seinen bürgerlichen Rechtsangelegenheiten schon zum voraus sich mit vorbereiteten Beweisen zu versehen bemühet ist. Wie selten stehen die Mittel zur Ueberführung eines Verbrechers dem Privatmann ausreichend zu Gebote! Auch aus diesem Grunde muss der Staat seine Stelle ersezen, sei es als eigentlicher Ankläger, oder in anderer Weise.

Aber einem solchen Gegner gegenüber ist es andererseits nicht leicht, das richtige Gleichgewicht, wie der ehrliche Kampf es fordert, unter den Parteien zu erhalten. Der Staat wird sich verpflichtet glauben, gegen den Rechtseinbruch und dessen vermeinten Urheber alle ihm zu Gebote stehenden Mittel aufzubieten; und ein natürliches, meist wohlbegründetes Mistrauen wird schon während des Processes den einmal Verdächtigen mancher sehr drückenden persönlichen Beschränkung unterwerfen. Und doch hat auch der Angeklagte noch den vollen Rechtschuz des Staats zu fordern, ja dieser Schuz muss ihm, um nicht illusorisch zu werden, durch positive Einrichtungen verbürgt sein.

102. Durch diese Rüksichten hat der Strafprocess einen viel künstlicheren Character annehmen müssen, als der Civilprocess. Man hat ihn mehr noch als diesen (II §. 597...601) nach positiven Principien zu modeln gesucht, ohne sich vor einseitigen Uebertreibungen gehörig zu hüten; man hat ihn mit besonderen Instituten ausgestattet, deren Brauchbarkeit sich nach Zeit und Ort richten muste, so dass mehr als Eines derselben als gebrechliches, oder

veraltetes Werkzeug wieder verworfen wurde, nachdem es lange genug für unfehlbar gegolten hatte. Das Untersuchungs- und das Anklageprincip, die Staatsanwaltschaft, die amtliche Verteidigung, die Folter, die Territion, die Confrontation und die sonstigen „media eruendae ueritatis“, das Gottesurteil, der Reinigungseid, die Indicientheorie, die Geschwornen, die Lossprechung von der Instanz, die unfreiwilligen Rechtsmittel, die Abolition und die Begnadigung — dieser ganze bunte Reigen von nüzlichen Erfindungen, von lebendigen und abgestorbenen Institutionen, von vermeinten Fortschritten oder verderblichen Misbräuchen ist doch im Grunde nur ein allmähliger Niederschlag der steten Bestrebungen, das richtige Gleichgewicht zwischen den widerstreitenden Interessen im Strafprocesse wieder herzustellen.

Der Werth oder Unwerth dieser verschiedenen Institute darf aber nicht nach der Gestalt bemessen werden, die Einzelen von ihnen unter einer verwilderten Praxis der Strafrechtspflege geblieben war, sondern nach dem Verhältnis, in welchem sie zu den Principien und leitenden Maximen des Strafprocesses stehen. Es ist sehr characteristisch, dass man so lange an diese Fragen kaum gedacht hat, während doch über die Principien des materiellen Strafrechts schon allseitig discutirt wurde.

Wir haben uns hier auf drei Hauptmaterien zu beschränken, für welche in neuerer Zeit die folgenden Bezeichnungen technisch geworden sind:

1) das Anklage- und das Untersuchungsprincip;
2) die materielle und die formale Gewisheit;
3) die Principien der Oeffentlichkeit und Mündlichkeit.

B. Das Anklage- und das Untersuchungsprincip.

103. Wenn wir das Anklageprincip als den diametralen Gegensaz des Untersuchungsprincips auffassten, so würde das erstere kaum einen wesentlichen Unterschied

zwischen dem Civil- und dem Strafprocesse übrig lassen; denn es würde die strafrichterliche Thätigkeit abhängig machen von Anträgen und Beweisführungen des Klägers, während das inquisitorische Princip den Richter verpflichtet, von Amtswegen einzuschreiten, den Verbrechen nachzuspüren, die Beweise zu sammeln, die Strafe selbständig zu verhängen.

Aber das wirkliche Leben verwischt alle Extreme; so ist uns von der reinen Anklage fast nur die Notwendigkeit einer Beschwerde des Verlezten für gewisse Fälle geblieben (§. 127), während die ihr substituirte amtliche Anklage nur durch die absolute Unentbehrlichkeit einer contradictorischen Verhandlung, und die dadurch von selbst gebotene Spaltung der strafamtlichen Functionen, dem reinen Untersuchungsprincip gegenüber trit.

Die geschichtliche Entwickelung des Strafprocesses hat freilich ein öfteres Schwanken, bald nach dieser, bald nach jener Seite hin aufzuweisen: in Rom und neuerdings in England hat das Anklageprincip vorgewaltet, wie denn auch die Peinliche Gerichtsordnung von 1532 dasselbe noch als Regel voraussezt; im kanonischen und im deutschen Rechte der lezten Jahrhunderte ist aber das Untersuchungsprincip allmählig vorherrschend geworden, wobei nur noch das s. g. articulirte Verhör, oder der amtlich „excitirte“ fiscalische Ankläger als die lezten Ueberbleibsel des contradictorischen Princips (so solte man es lieber nennen) figurirten. Jezt sind wir der rechten Vermittelung unstreitig näher gekommen, wenn nur auch dem Angeklagten die Mittel der rechten Verteidigung nicht verkümmert werden (s. unten §. 113).

C. Materielle und formale Gewisheit.

104. Ohne Strafprocess keine Strafe: er allein vermag ihre Rechtmäfsigkeit zu verbürgen (§. 2). Aber der Strafprocess ist doch nur Mittel zum Zwecke;

um seiner selbst willen kan er nicht da sein, und darum darf er auch nie ein gröfseres Uebel werden, als das Verbrechen oder die verwirkte Strafe.

In dieser Formel liegt die notwendige Grenze des strafgerichtlichen Verfahrens, und die Nötigung, statt der materiellen Wahrheit sich oft mit blos formaler Gewisheit zu begnügen. Zu jener bedarf es einer inneren fest begründeten Ueberzeugung, die sich nicht bestimmen läst durch den äusseren Gang des Processes, durch Versäumnisse und Ungehorsam, auch nicht durch die blofse Autorität eines bereits ergangenen Richterspruches; die formale Gewisheit dagegen beruhet auf der Rechtskraft eines ergangenen Urteils, das sich durch ungelösete Zweifel nicht aufhalten, durch später gewonnene Beweise nicht wieder umstofsen läst; ja sie begnügt sich, auch vor dem Urteil, mitunter mit blos formalen Beweissurrogaten (Bd. II §. 648).

Nie hat die formale Gewisheit mehr gegolten, als im älteren germanischen Processe; nie weniger, als zu Anfang dieses Jahrhunderts. In neuester Zeit hat das Aufgeben des reinen Untersuchungsprincips auch dem Princip der materiellen Wahrheit wieder einigen Eintrag thun müssen. Die Meinung z. B., dass kein Todesurteil vollstrekt werden dürfe, wenn der Verurteilte noch im Moment der Execution sein Geständnis widerrufe, kan jezt keinen ernstlichen Vertreter mehr finden.

105. Das besondere Bedürfnis der Oeffentlichkeit im Strafprocesse gründet sich, wie auch schon früher (II §. 599) bemerkt worden ist, auf die wesentliche Mitbeteiligung der ganzen bürgerlichen Gesellschaft an der Strafe, weil sie es ist, welche bei jeder Verlezung des objectiven Rechts als beleidigte Partei erscheint. Unter allen Umständen darf daher das Strafurtel nicht verheimlicht bleiben; aber auch die Oeffentlichkeit der Haupt-

verhandlung ist wenigstens als Regel festzuhalten, viel entschiedener, als im Civilprocesse.

Eben so wenig fehlt es an entscheidenden Gründen für die Mündlichkeit der Hauptverhandlung im Strafprocesse. Sie gewährt dem Richter den Vorteil, sich unmittelbar nach der ganzen Persönlichkeit des Inculpaten, ein Urteil über seine Schuld oder Nichtschuld bilden zu können, und dem Inculpaten giebt sie das beruhigende Bewustsein, durch eigene Ansprache an die Richter Alles ergänzen zu können, was ihm in den Acten oder in den Vorträgen des Defensors nicht hinreichend hervorgehoben erscheint.

Dass aber diese Rüksichten für die Voruntersuchung gar keine Geltung haben, dass hier vielmehr umgekehrt jede voreilige Veröffentlichung eben so sehr zu meiden, als für die genaueste schriftliche Aufzeichnung zu sorgen ist, das wird sich später aus den Einzelheiten des Strafprocesses fast von selbst ergeben (vgl. auch unten §. 115, und Bd. II §. 600).

III. Die Strafgewalt und ihre Organe.

A. Die objective Competenz.

106. Die Strafgewalt im weiteren Sinne umfasst mehr als das blofse Strafrichteramt, denn auch das Untersuchungsamt, das Amt des Staatsanwalts, und selbst das Begnadigungsrecht der Staatshoheit ist mit dahin zu rechnen. Aber auch das selbständige Strafrichteramt hat sich nicht so früh von der höchsten Staatsgewalt ganz abgelöset, wie das des Civilrichters. Schon in Rom waren die höchsten Magistratspersonen als Strafrichter nur die Delegirten der richtenden Volksgemeinde, und nur der Feldherr im Kriege war in der Ausübung dieses merum imperium mitunter von der Mitwirkung anderer Richter entbunden.

Damit hängt es zusammen, dass sich fast überall, und

namentlich im deutschen Reiche, auch verschiedene Abstufungen der richterlichen Strafgewalt gebildet haben: früher von zwei, jezt meistens von drei Graden. Das Recht über Leben und Tod und über schwerere Leibes- und Freiheitstrafen war der höheren Strafgewalt, dem Blutbann oder Königsbann vorbehalten, während die niedere Strafgewalt (iurisdictio bassa) meistens schon mit der Civiljurisdiction verknüpft war. Später freilich gelangte der Blutbann sogar in die Hände mancher Patrimonialgerichte; aber er ward hier zu einem kostspieligen Scheinrecht, gebunden an die Genehmigung höherer Richter, wie denn aus ähnlichen Beweggründen sogar den vom Staate bestellten Strafrichtern sehr oft die gebührende Selbständigkeit ihrer Entscheidungen verkümmert wurde [205].

107. Die in den neuesten Gesezgebungen angeordnete dreifache Gliederung der Strafbehörden entspricht der schon oben (§. 17) dargestellten Einteilung der Uebelthaten in Uebertretungen, Verbrechen und Vergehen: nach ihr bestimmt sich die Competenz der Polizeigerichte, der ordentlichen oder mittleren Strafgerichte (im rheinischen Rechte der Correctionell- oder Zuchtpolizeigerichte) und der Geschwornengerichte. Daneben sind, durch objective Privilegien, ausserordentliche Strafgerichte für Zollvergehen, Amts- und Militärvergehen nicht ungewöhnlich, wie denn auch für alle Pressvergehen und für alle politischen Verbrechen die Einsezung einer exceptionellen Gerichtbarkeit von den entgegengeseztesten

205) So z. B. musten sonst in Preussen sogar die Obercriminalgerichte jedes Strafurteil, welches mehr als dreijährige Strafhaft verhängte, dem Justizminister zur Bestätigung vorlegen. (Criminalordnung von 1805. §. 514. vgl. §. 508 ...512). Diese Verpflichtung ward im J. 1809 bei Freiheitstrafen unter zehn Jahren, und im J. 1849 gänzlich aufgehoben. Verordnung vom 3. Jan. 1849 §. 26.

politischen Parteien verlangt zu werden pflegt. Diese übereinstimmende Abneigung gegen die Competenz der ordentlichen Strafgerichte in solchen Sachen bestätigt aber nur den alten Saz: dass alle Extreme sich berühren; die Notwendigkeit solcher exceptionellen Gerichte wird dadurch allein nicht bewiesen, und ihre Zweckmäfsigkeit bleibt immer abhängig von der Art ihrer Zusammensezung. Diejenigen, die nur den Geschwornen in diesen Sachen trauen wollen, müsten sich jedenfals auch eine strengere Auswahl der Geschwornen für solche Zwecke, etwa nach Art der englischen Specialjury[206], gefallen lassen.

B. Die örtliche Competenz.

108. Die Anwendbarkeit der Strafgewalt auf den einzelen Straffall kan durch eine dreifache örtliche Beziehung zu demselben begründet werden: durch den Ort der That, durch den Wohnort des Thäters und durch den Ort seiner Ergreifung. Hierauf beruhen die drei s. g. fora oder örtlichen Gerichtstände: forum delicti commissi, domicilii und deprehensionis[207].

Factisch ist das Erste dieser Fora bei Weitem das wichtigste, und dem Dritten ist mitunter nur eine subsidiarische Bedeutung beigelegt worden; dagegen war im altdeutschen Rechte der Gerichtstand des Wohnorts auch in Strafsachen mehr begünstigt, weil er den zahlreichen persönlichen Gerichtsprivilegien (II §. 571) näher verwandt war.

---

206) Biener Geschichte des englischen Geschwornengerichts Th. II. 1852. §. 46.

207) Preuss. Crim.-Ordnung §. 77...92. Code d'instr. crim. art. 23. 24. 29. — Ueber den Einfluss des forum deprehensionis auf die Anwendbarkeit auswärtiger materieller Strafgeseze s. oben §. 8.

109. Die örtliche Competenz kan, wie im Civilprocesse (II §. 571) modificirt werden:

1) durch Prävention, und wenn nur die Staatsgrenzen nicht überschritten werden, durch Connexität;
2) durch persönliche Privilegien, namentlich für die Familie des Landesherren oder ihm befreundeter deutscher Fürstenhäuser, für Gesandte, auch wohl für Soldaten und Geistliche in Ansehung solcher Uebelthaten, welche nicht schon als Dienst- oder Standesvergehen dem gewöhnlichen Richter entzogen sind. Dieses Standesprivilegium ist freilich im Princip jezt meistens aufgegeben; doch bleibt das Resultat oft fast dasselbe, wenn man dem gewöhnlichen Vergehen zugleich die Eigenschaften eines Dienst- oder Standesvergehens beilegt[208];
3) in sehr beschränktem Umfange kan auch die freiwillige Unterwerfung und das Versäumen des Incompetenzeinwandes den strafrechtlichen Gerichtstand verändern, wenigstens den Gerichtstand der Ergreifung erweitern.

C. Die innere Organisation der Strafbehörden.

1. Richter, Inquirenten, öffentliche Ankläger.

110. Die amtliche Thätigkeit der Behörden hat im Strafprocesse viel umfassendere Aufgaben zu lösen, als im Civilprocesse; und der Versuch, diese verschiedenen Functionen sämtlich oder auch nur teilweis einer und derselben Person anzuvertrauen, hätte nicht erst nach wiederholten vergeblichen Versuchen in seiner Unausführbarkeit erkant werden sollen. Schon das Amt des

---

208) vgl. §. 106. — In Preussen hat man bei Beurlaubten auch darauf sehen wollen, ob die That in der Uniform begangen wurde oder nicht.

Inquirenten erscheint in erheblichen Fällen unvereinbar mit dem des eigentlichen Strafrichters, weil die Gültigkeit und Rechtmäfsigkeit der geführten Voruntersuchung nur zu oft einen Gegenstand der späteren richterlichen Beurteilung bildet; in der Absonderung des Anklägeramtes aber liegen die anerkanten Vorzüge des neueren Anklageprincips vor dem Untersuchungsprincip, dessen eigentliche Spize wiederum die singuläre Bestimmung des älteren österreichischen Strafgesezbuchs bildete: dass sogar das Amt des Verteidigers von dem Richter allein wahrgenommen werden solle [209].

111. A. Das eigentliche Richteramt kan meist nur in geringfügigen, d. h. in Uebertretungsachen, von Einzelrichtern geübt werden, welche dann hin und wieder als Polizeirichter bezeichnet werden [210]. In den mittleren und schweren Criminalsachen, bei Vergehen und Verbrechen (§. 17) haben nur collegialisch gebildete Gerichte zu entscheiden [211], welche entweder die gewöhnlichen Gerichte für Civilsachen, oder stehende Sectionen derselben (Criminalsenate, Correctionellkammern) sind; nur die Schwurgerichtshöfe werden sowohl nach deutschem als nach französischem Rechte für jede Sizungsperiode neu gebildet, durch Auswahl aus den Mitgliedern der Gerichte teils erster, teils zweiter Instanz.

---

209) Oesterreichisches Geseczbuch über Verbrechen vom J. 1803 §. 337: »Da die Vertheidigung der Schuldlosigkeit schon von Amts wegen in der Pflicht des Kriminalgerichtes mitbegriffen ist, so kann der Beschuldigte weder die Zugebung eines Vertreters oder Vertheidigers, noch die Mittheilung der vorhandenen Anzeigungen verlangen« u. s. w.

210) So in Preussen und Rheinland.

211) Das ältere deutsche Recht forderte ganz allgemein, dass das Gericht gehörig besezt sei, d. h. dass ausser dem Richter die nötige Schöffenzahl nicht fehle. PGO. art. 1. 84. Stübel Crim.-Verfahren §. 459...474. Preuss. CrO. 34. 35. 371.

So weit in diesen Collegien Stimmengleichheit eintreten kan, muss der milderen Meinung der Vorzug gegeben werden.

112. B. Die Untersuchungsbehörden sind nach den deutschen Gesezgebungen nur einzelne Inquirenten (Untersuchungsrichter, Instructionsrichter); nach der rheinisch-französischen giebt es auch noch collegialische Sectionen der Gerichte für Zwecke der s. g. gerichtlichen Polizei, die freilich zunächst von der Staatsanwaltschaft (§. 113) wahrzunehmen ist[212].

Das Amt des Inquirenten beruhet meist auf einem Commissorium des competenten Strafgerichts erster Instanz, welches deshalb denn auch Berichte fordern und Anweisungen erteilen darf. Doch sind die ständigen Inquisitoriate, wie sie in Preussen bis 1849 bestanden, und die auf drei Jahre bestellten Instructionsrichter des rheinischen Rechts gewiss den vorübergehenden Commissarien vorzuziehen, welche die preussische Verordnung vom 3. Januar 1849 §. 42 von den Kreisgerichtsabteilungen für jede einzelne Sache als Untersuchungsrichter bestellen läst. Die notwendige Folge dieser Beschränkung kan nur eine erweiterte Einmischung der Polizei in die strafrechtlichen Untersuchungen sein[213].

Die collegialischen Untersuchungsbehörden im rheinischen Processe sind die s. g. Rathskammern der Gerichte erster Instanz, und der Anklagesenat des Appellationsgerichts.

Diese Rathskammern wären viel besser Instructionskammern genant worden; sie haben ihren unpassenden Namen nur davon, dass sie sich nicht in dem öffentlichen Audienzzimmer, sondern in dem Beratungszimmer des Gerichts (chambre de conseil) versammeln,

212) Code d'instruction criminelle art. 8. 9.

213) Dies wird auch bestätigt durch den §. 7 derselben Verordnung.

welches aber doch viel öfter noch für ganz andere Zwecke benuzt wird. Die Instructions kammer hat wöchentlich die Berichte des Instructionsrichters über die beendeten Voruntersuchungen anzuhören, um demnächst weiter zu verfügen.

Der Anklagesenat bildet teils eine höhere Instanz für die Maasregeln der Untersuchungsrichter und der Rathskammern, teils diejenige Behörde, von der durch förmliches Erkentnis die Versezung in den Anklagestand ausgehen muss, welche jeder Verhandlung vor den Geschwornen vorhergeht.

Ausserordentlicher Weise kan auch das Plenum des Appellationsgerichts in Angelegenheiten der gerichtlichen Polizei fungiren; nämlich um die Nachlässigkeiten der unteren Beamten zu rügen und versäumte Strafverfolgungen zu veranlassen.

113. C. Dass eine geregelte Strafrechtspflege nicht auf die Bereitwilligkeit von Privatpersonen warten darf, die etwa als Ankläger aufzutreten geneigt wären, das versteht sich von selbst. Das rein accusatorische Verfahren, das auf diese Privatanklage gebauet war (§. 103), muste allmählig verschwinden; nur war es leider einer sehr ungleichen und irrationalen Praxis gewichen. In den schwersten Criminalfällen solte noch von einem besonders beauftragten Fiscal (aduocatus fisci) eine amtliche Anklage mit förmlichen Anträgen eingereicht werden; in minder wichtigen war schon viel gewonnen, wenn nur wenigstens dem Inquirenten die Pflicht oblag, in einem gründlichen Schlussberichte die sich ergebenden Anschuldigungspuncte hervorzuheben; denn in der Regel blieb auch dies erst dem erkennenden Strafrichter vorbehalten, so dass auch an eine dem Urteil vorausgehende Verteidigung oft kaum zu denken war.

Wir haben es demnach als einen wichtigen Fortschrit der neuesten Gesezgebungen anzuerkennen, dass in allen

Strafsachen ohne Ausnahme ein bestimmter Antrag von der für Strafsachen[214] eingesezten Staatsanwaltschaft oder von Polizeianwälten ausgehen muss. Dabei besteht aber der Unterschied von dem älteren Fiscalat nicht blos in der Allgemeinheit und Regelmäfsigkeit des neueren Instituts, sondern besonders noch darin, dass der Staatsanwalt auch schon die Untersuchung beantragen und sich an derselben beteiligen soll, während der Fiscal erst nach geschlossener Untersuchung bestellt oder „excitirt" zu werden pflegte. Endlich kan der Staatsanwalt in einzelen Fällen auch im Interesse des Angeklagten Anträge stellen, ja sie können im Interesse des Gesezes noch gestellt werden, wenn über den speciellen vorliegenden Fall schon unabänderlich entschieden ist.

2. Urkundspersonen: Schöffen, Gerichtschreiber.

114. In den Schöffengerichten, aus denen unsere collegialischen Gerichte sich entwickelt haben, war es die Aufgabe der Schöffen, das Urteil zu finden, also die verwirkte Strafe anzugeben (sie zu „erkennen"), während von dem Vorsizenden, der das Gericht hegte, die Verkündung und Vollziehung derselben ausging. Thatfragen gehörten ursprünglich nicht in den Kreis ihrer Untersuchung; aber so wie sie selber in den schwersten Fällen feierlich bestätigen solten, dass „die Gerichtsbank gehörig besezt" sei (Note 211), so war ihr Zeugnis auch entscheidend für die Gültigkeit der vorgenommenen gerichtlichen Proceduren.

---

214) Von den seltneren Functionen der Staatsanwaltschaft in Civil- und Ehesachen s. Band II, §. 588. 589. Das französische Recht bezeichnet diese Hauptorgane der gerichtlichen Polizei als ministère public; s. z. B. Code d'instruction crim. art. 234 u. a. o.

Dies scheint der Schlüssel zu sein für die überraschende Thatsache, dass die Schöffen sich als Urkundspersonen erhalten haben, auch nachdem ihnen das Richteramt genommen war. So wurden sie auch in neuerer Zeit (noch jezt in Hannover) als stumme Schöffen bei wichtigen Geschäften: Tortur, Legalsection, Güterbeschlagnahme, zugezogen, bald neben dem Gerichtschreiber [215], bald wenigstens in Ermangelung dieses lezteren [216].

115. Der Gerichtschreiber ist für den Inquirenten noch unentbehrlicher, als für den eigentlichen Strafrichter, weil von jenem die materiellen Beweise zu sammeln sind, deren Glaubwürdigkeit oft nur durch die Umsicht und Gewissenhaftigkeit der ersten Aufzeichnung bedingt ist, da sie in den späteren mündlichen Verhandlungen sich nicht leicht wieder ersezen lassen. Leider haben die unbedingten Anhänger des mündlichen Verfahrens nur zu oft keine Vorstellung mehr von der Sorgfalt, mit welcher ein ausführliches Protokoll (procès verbal im wahren Sinne des Wortes) [217] geführt werden kan, wenn der Protokollführer seine Pflicht thut.

Wenn es demnach schon unstatthaft ist, die Protokollführung dem Inquirenten oder Einzelrichter zu überlassen, so muss es natürlich noch viel mehr Anstofs erregen, dem Protokollführer allein die Untersuchung in Strafsachen anzuvertrauen [218].

---

215) Peinl. Ger.Ordn. art. 46. 47. 149. 181. 206.

216) Preuss. Criminalordnung von 1805 §. 41. 42 — Die am rechten Rheinufer. in dem Gerichtsbezirk von Ehrenbreitstein noch vorkommenden Schöffengerichte haben mit der streitigen Rechtspflege, insbesondere mit dem Strafprocesse, nichts mehr zu thun; sie sind verwaltende Justizbehörden, und heissen daher auch Voluntärgerichte.

217) Der Code d'instr. crim. art. 372 klingt fast wie Hohn zu dieser Bezeichnung; vgl. art. 42. 318.

218) Nur in Hamburg hatte man bisher dem »Actuarius in criminalibus« diese doppelte Function zu übertragen gewagt.

IV. Der Inculpat, seine Gegner und Vertreter.

A. Der Inculpat.

116. Die Lage desjenigen, gegen den ein Strafverfahren gerichtet ist, kan sich besonders durch zwei Umstände ungünstiger gestalten: durch die Schwere der angeschuldigten Handlung und durch den Grad der Ueberführung. Daher pflegt man nur bei schweren Verbrechen von Inquisiten, und nur nach der förmlichen Versezung in den Anklagestand vom Angeklagten (accusé) zu reden, während die generellere Bezeichnung eines Angeschuldigten oder Inculpaten (prévenu) in allen Strafsachen und in allen Stadien des Processes anwendbar bleibt.

Auch die Mitschuld kan, ganz abgesehen von der darin enthaltenen materiellen Erschwerung des Vergehens (§. 26), dem Inculpaten processualisch nachteilig werden, indem sie die Verhandlungen verlängert, eine Schärfung der nötigen Vorsichtsmaasregeln erfordert, und vor dem Geschwornengerichte das Recusationsrecht des Einzelen verengert. Dagegen darf sie das Recht der Verteidigung niemals beeinträchtigen; es muss jedem Einzelen freistehen, sich unabhängig von seinen Mitinculpaten verteidigen zu lassen.

So können denn auch die Mitglieder einer Corporation nur als mitschuldige Individuen strafrechtlich verfolgt werden; gegen die Corporation selber oder gar gegen eine blofse personificirte Stiftung würde die Strafverfolgung einen kriegsrechtlichen Character annehmen.

B. Die Gegner des Inculpaten.

117. Auch neben dem Staatsanwalt, dem amtlichen Gegner des Inculpaten (§. 113), können Privatgegner desselben bald zufällig, bald als notwendig Mit-

wirkende auftreten. Notwendig ist der Beschwerdeführer oder Privatankläger in einzelen, hernach (§. 124) zu erwähnenden Fällen; zufällig der Denunciant (§. 126), und bei Entschädigungsansprüchen der Verlezte (Damnificat), von welchem hier näher zu reden ist.

Wer durch ein Vergehen Schaden erlitten, dem stehen zum Zwecke der Entschädigung in der Regel zwei Wege offen: er kan sich dem Strafverfahren anschliessen, oder sich unabhängig davon an den Civilrichter wenden. Entstehen im zweiten Falle Collisionen, so wird zwar das Civilverfahren bis nach Beendigung des Strafprocesses ausgesezt; an und für sich aber bleibt der Ersazanspruch immer unabhängig von der Bestrafung[219]. Der Anschluss an das Strafverfahren ist in jedem Stadium des lezteren gestattet; er macht den Verlezten zum Adhärenten (II, §. 397), und kan nötigenfals auch die Competenz des Strafrichters für Civilsachen begründen oder erweitern.

118. Der Vorteil dieser Adhäsion liegt in der grösseren Sicherheit, und in der Ersparung von Zeit und Kosten; nur für die von dem Verlezten etwa besonders benuzten Beweismittel des Civilprocesses wird die Criminalbehörde keine Kosten aufwenden. Dagegen gebührt dem Adhärenten kein entscheidender Einfluss auf den Gang des Processes, und die Eigenschaft eines Beweiszeugen kan er nicht gleichzeitig in Anspruch nehmen.

Dieser lezte Punct ist besonders im rheinischen Strafverfahren von Bedeutung, weil dieses dem Zeugnis des Verlezten, so lange er noch keinen Ersaz gefordert hat, mehr Glauben schenkt, als das gemeine Recht. Dazu komt aber noch, dass andererseits eine voreilige s. g. „plainte

219) vgl. Code pénal art. 10. Code d'instr. crim. art. 66. 67. 217. Preuss. Strafgesezbuch §. 6.

de la partie civile“ sehr leicht für alle Kosten des Strafverfahrens verantwortlich machen kan[220].

Die Berüksichtigung des Schadenersazes von Amtswegen, wie z. B. die preussische Criminalordnung (6. 416) sie dem Richter zur Pflicht macht, darf wenigstens nicht bis zur Zuerkennung bestimmter Summen gehen, ehe die Parteien darüber verhandelt haben. Die neueste österreichische Strafprocessordnung (352...54) hat freilich daneben dem Damnificaten auch noch die Verfolgung seiner weiter gehenden Ansprüche im Civilrechtswege vorbehalten.

C. Der Verteidiger.

119. Der im Civilprocesse so wichtige Unterschied zwischen dem Stellvertreter (procurator) und dem blofsen Beistand (aduocatus) verliert im Strafprocesse[221] seine Bedeutung besonders dadurch, dass eine vollständige Vertretung überhaupt nicht mit dem Erfordernis einer persönlichen Verantwortung vereinbar ist. Sie wird daher nur als Ausnahme zugelassen, teils bei Uebertretungen oder Vergehen, so weit sie nur mit Geld gebüfst werden, teils im Contumacialverfahren, so lange es nur darauf ankomt, die Abwesenheit des Inculpaten zu entschuldigen[222], teils endlich bei anderen, minder wichtigen Zwischenverhandlungen.

Um so wichtiger bleibt dagegen das Amt des Verteidigers (conseil)[223]; denn die Sorge für eine voll-

220) Nach einer unbilligen Auslegung des kaiserlichen Decrets vom 18. Juni 1811 art. 157. Um so mehr ist zu erwägen, dass nicht jede plainte für die Rolle der Civilpartei genügend ist Code d'instr. crim. art. 66. 67.

221) vom Civilprocesse s. Band II §. 583.

222) vgl. Code d'instr. crim. art. 468...470. Preuss. Gesez v. 3. Mai 1852 art. 23.

223) Der gewöhnliche Name Defensor ist nicht ganz angemessen, denn in Rom ward auch der Anwalt so genant.

ständige Verteidigung muss dem Staate eben so heilig sein, wie die für die Untersuchung und Anklage. Ein gänzlicher Ausschluss des Defensors, wie er ehedem in Oesterreich für die erste Instanz vorgeschrieben war (Note 209), trat anderswo höchstens bei geringen Vergehen ein; die neuesten Geseze kennen auch diese Beschränkung fast gar nicht[224].

Andererseits ist die Hilfe des Defensors oft sogar unabhängig von dem Willen des Inculpaten: denn in schweren Straffällen ist sie durch Praxis und durch fast alle neueren Strafordnungen schlechthin für notwendig (defensio necessaria) erklärt worden. Namentlich ist jezt die Verhandlung vor den Schwurgerichten mit Nichtigkeit bedroht, wenn ihr nicht die Wahl oder Bestellung eines Verteidigers vorhergegangen ist; nur die wirkliche Ausführung der Verteidigung wird nicht so unbedingt gefordert[225].

120. Viel mehr Anstand hat es gefunden, die Wahl des Defensors und den Zeitpunct seiner Zulassung gänzlich freizugeben.

Die Wahlfreiheit muss mindestens unter den sämtlichen Rechtsanwälten desselben Gerichtsbezirks ungeschmälert bleiben[226]; in Preussen ist sie auf die des ganzen Staates, und auf alle akademischen Lehrer der Rechte erstrekt worden[227], nur in Rheinpreussen ist noch jede Wahl ausserhalb der Advocaten der Provinz auf Freunde

224) Oesterreich 213 ff. 407. 419. Bayerisches Strafgesezbuch v. 1813 Th. II, art. 141...149. 482, und Verordng. v. 24. Dec. 1848. Württemb. art. 252...54. Preuss Verordng. v. 3. Jan. 1849 §. 16.

225) Code d'instr. crim. art 294. Preuss. Verordng v. 3 Jan. 1849 §. 16. Zusazgesez v. 3. Mai 1852 art. 21. 22.

226) Die peinliche Gerichtsordnung art. 88 sezte als Regel voraus, dass das Fürsprecheramt von Schöffen versehen werde.

227) Preuss. Zusazgesez vom 3. Mai 1852 art. 20.

und Verwandte beschränkt, und unterliegt überdies der Genehmigung des Strafrichters [228]; für Beamte bedarf es auch der Zustimmung ihrer vorgesezten Behörde.

Jeweniger aber solche erweiterte Wahlrechte begünstigt werden, um so strenger ist die Verpflichtung des gewählten oder ernanten immatriculirten Anwalts zur Uebernahme der Defension, auch ohne alle Aussicht auf Vergütung (vgl. II. §. 585).

Für die Zeit der Zulassung gilt es als Regel, dass sie der Voruntersuchung keine Gefahren bereiten darf, und daher in der Regel bis nach dem Abschluss derselben zu verschieben ist. Doch giebt es mancherlei Ausnahmen, wenn die Inculpaten sich über den äusseren Gang der Untersuchung, über die Vorhaft (§. 145) u. s. w. beschweren wollen.

Ein weiterer Schuz gegen den möglichen Misbrauch des Defensoramtes wird in dem besonderen Eide gesucht, den die Peinliche Gerichtsordnung (88) von Jedem verlangte, der nicht zu den geschworenen Schöffen gehörte. Aber auch den immatriculirten Advocaten ist er nicht zuzumuten, und unserem neuesten öffentlichen Verfahren erscheint wohl immer eine allgemeine richterliche Ermahnung viel entsprechender [229].

121. Ueberhaupt sind diese Beschränkungen nur zu rechtfertigen, wenn dem Defensor andererseits gewisse Rechte ausdrüklich gesichert bleiben: namentlich die vollständige Benuzung der Untersuchungsacten, die ungehinderte Unterredung mit dem Inculpaten, und die nötige Mufse zur Ausarbeitung der Defension.

Die Acteneinsicht ist dem Defensor zu gestatten, sobald die Untersuchung geschlossen ist; nur in die eigene Wohnung dürfen die Originalacten und Ueberfüh-

---

228) Code d'instruction crim. art. 295.

229) vgl. Code d'instr. crim. 311.

rungstücke ihm nicht leicht verabfolgt werden [230]. Und da nur wenige Inculpaten die Kosten einer Abschrift bezahlen können [231], so ist es die Pflicht des Richters, den Defensor wenigstens nicht in der Zeit zu beengen, die er zur Acteneinsicht auf dem Gerichtslocal wählen mögte.

122. Die Hindernisse, welche der freien Unterredung des Defensors mit dem verhafteten Inculpaten entgegengesezt werden, hatten sonst ihren Grund in der consequenten Durchführung der Untersuchungsmaxime: man wolte dem leugnenden Inculpaten den Mitwisser, gleichsam den juristischen Beichtvater, nicht gönnen, weil man jeden Mitwisser auch als Mitschuldigen ansah; so pflegte die Anwesenheit eines Untersuchungsbeamten zur unerläslichen Bedingung solcher Unterredungen gemacht zu werden [232]. Nach dem accusatorischen Princip, wie es in den neuesten Criminalordnungen mehr vorwaltend ist, muss dieser Beweggrund hinwegfallen; nur wird es nicht als Nichtigkeitsgrund angesehen, wenn die Besorgnis neuer Collisionen den Inquirenten oder den erkennenden Richter bewogen hat, dem Defensor die unbewachte Unterredung mit dem Inculpaten zu versagen [233].

Die Mufse zur Ausarbeitung der Defension muss

---

230) vgl Preuss. Verordnung v. 3. Jan. 1849 §. 17.

231) Unentgeltlich muss wenigstens die Anklage in Abschrift mitgetheilt werden. vgl. Preuss. Verordnung v. 3. Jan. 1849 §. 50. Die französische Criminalordnung art. 305 ist freigebiger: sie gewährt eine unentgeltliche Abschrift der Untersuchungsprotokolle, aber auch nur eine, ohne Rüksicht auf die Zahl der Inculpaten. Einen Mittelweg hat das bayerische Gesez von 1848 art. 124 gewählt.

232) Die Preuss. Crim.-Ordng. v. 1805 §. 446...450 fordert sogar die gleichzeitige Aufnahme eines Protokolls; vgl. §. 422 daselbst.

233) vgl. Code d'instr. crim. art. 124. 231. Bayerisches Gesez vom 10. Nov. 1848 art. 124. 231.

vor Allem schon bei der ersten Fristbestimmung gewahrt werden; aber auch weitere Fristverlängerungen sind wenigstens bei dem schriftlichen Verfahren nicht ganz zu versagen.

123. Auch für die gehörige Honorirung des Defensors muss von Amtswegen dann gesorgt werden, wenn die Defension gesezlich notwendig war; denn bei der blofsen Präsumtion für seine uneigennüzige Pflichttreue wird wenigstens der Inculpat sich nicht immer beruhigen. Doch ist das Verfahren in diesem Puncte sehr verschieden (vgl. §. 119. 120).

V. Das Strafverfahren im Allgemeinen.

A. Veranlassungen des Strafverfahrens.

124. Das Strafverfahren kan veranlast werden durch Beschwerden (Anträge), durch Anzeigen, durch Notorietät; doch muss nach den neuesten Criminalordnungen in allen diesen Fällen der Staatsanwalt die Eröfnung des gerichtlichen Verfahrens erst förmlich beantragen [234]. Nur die neueste österreichische Criminalordnung gestattet jedem Beteiligten, als Privatankläger aufzutreten, wenn seine gesezlich erforderliche Beschwerde vom Staatsanwalt nicht berüksichtiget ward [235].

Die Fälle aber, in welchen die neueren Strafgeseze eine Beschwerde fordern, sind viel zahlreicher, als diejenigen, die seit der Peinlichen Gerichtsordnung noch einer Privatanklage bedurften. Diese lezteren Fälle waren einfache Injurien, Verlezungen der weiblichen Ehre, Ehebruch und Hausdiebstahl [236]; dagegen fordert z. B.

---

234) Preuss. Verordng. v. 3. Jan. 1849 §. 1. Zusazgesez vom 3. Mai 1852 art. 1.

235) Oesterreichische StrPO. von 1853 §. 37.

236) PGO. 110. 216. 118...120. 165. Dazu kam nach römischem

das braunschweigische Strafgesez[237] die Beschwerde in 24, das preussische in folgenden zehn Fällen:

1) Beleidigungen des Oberhauptes eines befreundeten Staats (§. 81. 79).
2) Beleidigungen fremder Gesandten und Geschäftsträger (§. 81. 80).
3) Beleidigungen der Kammern oder Kammermitglieder (§. 103).
4) Oeffentliche oder schriftliche Beleidigungen oder Verleumdungen (§. 160..162. Einführungsgesez art. XVII).
5) Einfache Beleidigungen (§. 343).
6) Mishandlungen und Körperverlezungen, wegen deren Privatklage erhoben ist (§. 189. Einführungsgesez art. XVII).
7) Fahrlässige Körperverlezungen (§. 198).
8) Verleitung zur Beiwohnung (§. 149).
9) Entführung eines Frauenzimmers (§. 209).
10) Entwendungen und Unterschlagungen gegen Eltern, Kinder, Geschwister u. s. w. (§. 229 271. s. oben §. 93).

125. Bestimmte Formen der Beschwerde giebt es nicht; es ist genug, wenn sie von dem Verlezten selber[238] bei der competenten Justizbehörde angebracht wird, und das Verlangen nach Bestrafung des Verlezers bestimmt erkennen läst. Darin ist sie freier als die Entschädigungsklage[239].

Rechte auch wohl noch die Unterschiebung eines Kindes: fr. 30. §. 1 ad legem Corneliam de Falsis (48, 10).

237) §. 244 245. Das sächsische Strafgesez von 1838 stellte sogar 27 solcher Fälle auf. vgl. das Register zu demselben, s. v. Anzeige, lit. G. — Dagegen fordert das französische Strafrecht die »plainte« nur beim Ehebruch und bei der Entführung. Code pénal 336. 337. 339. 357.

238) Von Vertretern der Kinder u. s. w. s. sächs. Strafgesezbuch v. 1855 art. 98...102.

239) Die Privatanklage konte in Rom nur schriftlich, mittels der subscriptio in crimen, angebracht werden. Erst durch die peinliche Gerichtsordnung art. 11. 89 ist die Mündlichkeit der Privatanklage gesezlich zugelassen worden.

Die Zurüknahme der einmal angebrachten Beschwerde kan in der Regel den Fortgang des Strafverfahrens nicht hindern[240]; nur von den nachträglichen Strafen der tergiuersatio, womit in Rom das Aufgeben der Privatanklage bedroht war, ist jezt nicht die Rede.

126. Die einfache Anzeige unterscheidet sich von der Beschwerde durch den Mangel eines persönlichen Interesses an der zu erwartenden Strafe; daher giebt es aber auch keine höhere Instanz für Beschwerden des Denuncianten, wenn seine Anzeige nicht berüksichtiget worden ist. Wohl aber kan, des öffentlichen Interesses wegen, eine Anzeigepflicht bestehen, und zwar teils eine allgemeine, teils eine besondere für gewisse Beamte:

A) Die allgemeine Anzeigepflicht versteht sich von selbst bei allen noch bevorstehenden oder fortgesezten Verbrechen, welche durch die Anzeige verhindert oder unschädlich gemacht werden können; denn hier erscheint die Nichtanzeige als strafbare Begünstigung[241]. Dies ist namentlich der Fall bei hochverräterischen Umtrieben[242], bei dem Umsaz falschen Geldes, auch ohne Rüksicht auf den Verfertiger[243], und bei verstekten früher geraubten oder gestohlenen Gütern[244].

Bei einem bereits begangenen Verbrechen gilt es in der Regel als strafbare Begünstigung, wenn dessen Entdeckung oder Verfolgung durch positive Beihülfe verhindert wird; die blofse Nichtanzeige dagegen wird in dieser Allgemeinheit nicht als strafbar behandelt. Das

---

240) Preuss. Strafgesezb. 53. 160. 189 Einführungsges. art. XVII.

241) s. oben §. 25. Bayer. Strafgesezbuch v. 1861 art. 62.

242) c. 5 §. 6 ad legem Juliam Maiestatis (Cod. 9, 8).

243) c. 1 pr. de Falsa moneta (Cod. 9, 24). Fast alle Gesezgebungen sind in diesem Falle sehr strenge Code pénal art 136. Preuss. Strafgesezb. §. 39.

244) Preuss. Crim.Ordng. von 1805 §. 9...11.

sächsische Strafgesezbuch (art. 71) erklärt jede Nichtanzeige des Thäters für eine strafbare Begünstigung, wenn die Untersuchung bereits gegen einen Unschuldigen gerichtet ist; die französische Criminalordnung (art. 30. 31) verpflichtet, jedoch ohne Strafandrohung, jeden Zeugen eines Attentats gegen die öffentliche Sicherheit und gegen Leben oder Eigentum eines Individuums zur sofortigen Anzeige.

127. B) Die amtliche Verpflichtung zur Anzeige begangener Verbrechen und Vergehen [245] trift jeden Beamten, zum Theil unter Androhung sehr harter Strafen [246], in Ansehung desjenigen, was er amtlich wahrgenommen, oder zum Gegenstande seiner amtlichen Thätigkeit zu machen verbunden war. Wo die Staatsanwaltschaft besteht, muss selbst der Strafrichter, wenn keine Gefahr am Verzuge haftet, seine Anzeige an diese richten [247]; nur die während der Audienz begangenen Delicte dürfen nach rheinischem Rechte unmittelbar von dem versammelten Gerichte constatirt und abgeurteilt werden [248].

128. Auch die specielle Anzeige kan entbehrlich werden, entweder durch übereinstimmende Gerüchte von einem verübten Verbrechen, oder wenn dasselbe so öffentlich begangen wurde, dass es für einen gröfseren Theil des Publicums sofort zur Notorietät gelangt ist. Dahin gehören besonders die Fälle der handhaften That oder des délit flagrant: zwei nicht ganz gleichbedeutende, aber einander ähnliche Begriffe [249], die in ihren

245) Von blofsen Uebertretungen läst dies sich nicht so allgemein behaupten.
246) Bayern 63. 64. Sachsen 71. 72. Altenburg 40. 41.
247) Code d'instr. 29. Preuss. Verordng v. 3. Jan. 1849 §. 5.
248) Code d'instr. crim. art. 181. 504...508.
249) Sachsenspiegel II, 35. PGO. 16. Code d'instr. crim. 41.

Folgen darin zusammentreffen, dass die Einschreitungen der Behörden von manchen gewöhnlichen Formen entbunden werden [250].

B. Rechtliche Hindernisse des Strafverfahrens.

129. Anfang und Fortgang eines Strafverfahrens können rechtlich gehindert werden durch Verjährung (§. 21...24), durch Abwesenheit (§. 198) und Tod des Inculpaten, und durch den Einfluss höherer Staatsgewalt.

Auf Todesfälle nahm das römische Recht keine Rüksicht, wenn Confiscationen in Frage standen; jezt ist von dieser s. g. „memoriae post mortem damnatio" auch im gemeinen Strafprocesse nicht mehr die Rede. Dagegen leidet es, bereicherten Erben gegenüber, keinen Anstand, Privat-Entschädigungsansprüche wegen einer Uebelthat des Verstorbenen im Wege des Civilprocesses zu erheben (II, §. 404. 451).

130. Höhere Einflüsse hindern das Strafverfahren durch das Recht der Abolition und der Amnestie.

Durch Abolition wird ein einzelner bestimmter Strafprocess niedergeschlagen; durch Amnestie (abolitio generalis) eine Gesamtheit möglicher Processe wegen bestimmter Verbrechen, entweder allgemein, oder für besondere Bezirke, oder für bestimmte Classen von Personen.

Das Recht dieser Niederschlagung wird als ein Minus des Begnadigungrechts betrachtet: allein dieser Gesichtspunct ist nur zutreffend, so lange sie keinem Inculpaten wider Willen aufgedrungen wird. Denn wer auf richterliche Freisprechung rechnet, der wird die Abolition verschmähen. Daher haben auch die neueren deutschen Ver-

---

250) Decret. Gratiani canon 14...17. Causa II quaestio 1. Code d'instr. crim. art. 32. 40. 46. 61. 106. s. unten §. 143.

fassungen weniger das Recht der Amnestie, als das der Abolition beschränkt[251].

Aehnliche Resultate können sich übrigens auch an die Abhängigkeit der Staatsanwaltschaft von den Justizhoheitsorganen knüpfen. Denn in geringfügigen, so wie in zweifelhaften Fällen werden die von lezteren ausgehenden Weisungen factisch oft über die Frage entscheiden, ob eine Untersuchung beantragt werden soll oder nicht[252].

C. Die Abschnitte des Strafverfahrens.

131. Auf einen regelmäfsigen Verlauf der Verhandlungen, wie er im ordentlichen Civilprocesse einzutreten pflegt, ist im Strafprocesse weniger zu rechnen: so darf es denn auch nicht befremden, dass namentlich diejenigen Stadien, welche dem Strafurteil vorhergehen, in den verschiedenen Gesezgebungen sehr ungleich begrenzt sind, und dass ihre strenge Sonderung im wirklichen Leben oft mehr hinderlich als förderlich erscheint. Aus der Natur der Sache läst sich jedoch so viel entnehmen, dass ein geordnetes Beweisverfahren nur durch eine vorausgehende freiere Voruntersuchung, ein Aufklärungsverfahren möglich wird, dass aber dieses leztere oft für die Anschuldigung allein genügen würde, wenn es nur auch für die Verteidigung des Angeschuldigten die ausreichenden Mittel zu bieten vermögte. Auf diese Rüksicht für die Interessen des Angeschuldigten gründet sich vorzüg-

---

251) Preuss. Verfassung art. 59: »Der König kann bereits eingeleitete Untersuchungen nur auf Grund eines besonderen Gesetzes niederschlagen.« Aehnlich in Bayern. Oesterr. StrPO. 147. 189.

252) Auch nach französischem Rechte kan nur das Appellationsgericht, und nur wegen Verbrechen und Vergehen, den Staatsanwalt zur Einschreitung nötigen, wenn er seiner Pflicht nicht aus eigenem Antriebe genügt. Gesez vom 20. April 1810 art. 11.

lich das Bedürfnis einer von der Voruntersuchung gesonderten förmlichen Anklage. — Beide Abschnitte gestalten sich aber wieder ganz anders bei den Vergehen als bei den blofsen Uebertretungen und den eigentlichen Verbrechen.

Nach dem Strafurteil können noch zwei Stadien des Verfahrens eintreten: die Rechtsmittel und die Vollstreckung der Strafe. So haben wir denn fünf Hauptteile des Strafverfahrens zu unterscheiden:

1) die Voruntersuchung;
2) das Hauptverfahren;
3) das ausserordentliche Verfahren;
4) die Rechtsmittel;
5) die Vollziehung der Strafe.

Zweites Kapitel.

Das specielle Strafprocessrecht.

I. Die Voruntersuchung.

A. Verschiedene Arten derselben.

132. In unserem gemeinen Processe hat sich auf theoretischem Wege eine Sonderung der Generaluntersuchung von der Specialuntersuchung gebildet; und dieser Unterschied hat an practischer Bedeutung gewonnen, je mehr das abgesonderte Beweisverfahren mit förmlicher Anklage vermieden ward.

Unter der Special-Untersuchung ist aber diejenige zu verstehen, welche gegen einen bestimmten Inculpaten wegen eines bestimmten Vergehens gerichtet ist; die Generaluntersuchung hingegen ist diejenige, der es in der einen oder der andern Richtung an nötiger Bestimmtheit fehlt, also namentlich auch die vorläufige Untersuchung (inquisitio praeparatoria), und diejenige, bei welcher hauptsächlich der objective Thatbestand (§. 17) festgestellt werden soll[253].

Es ist leicht zu ermessen, dass der Werth dieser Sonderung lediglich von dem Maas der Verwickelungen und Schwierigkeiten abhängt, die sich dem Inquirenten darbieten können. Man hat aber der Specialinquisition

253) Sehr irrig war es, wenn man den Zwek der Generaluntersuchung blos in Feststellung des objectiven Thatbestandes sezen wolte.

dadurch noch eine besondere Bedeutung verliehen, dass man ihr hin und wieder ein besonderes Erkentnis vorausgehen lies, gegen welches dann auch wohl besondere Defensionen und Rechtsmittel (pro auertenda inquisitione speciali) zugelassen wurden. Dies erklärt sich nur aus dem Zusammenhange, in welchem früher die Specialinquisition mit der Vorhaft, der Tortur und dem s. g. articulirten Verhör zu stehen pflegte, wovon später noch mehr zu sagen sein wird.

133. Die neuesten Gesezgebungen unterscheiden dagegen zwischen der gerichtlichen Voruntersuchung (instruction, in Preussen Beweisaufnahme genant), und dem Haupt- oder Beweisverfahren. Die gerichtliche Voruntersuchung umfasst aber die General- und Special-Untersuchung zugleich; auch darf sie nicht verwechselt werden mit den aussergerichtlichen Aufklärungen, welche auch von anderen Behörden, z. B. von der Polizei, veranstaltet und constatirt werden können, denn die Acten der gerichtlichen Voruntersuchung sollen, wenn es nötig wird, auch als Beweismittel gelten.

Nach rheinischem Rechte soll bei Uebertretungen keine gerichtliche Voruntersuchung statt finden; bei Verbrechen darf sie nicht fehlen, bei Vergehen soll sie wenigstens in der Regel vorkommen. So auch nach dem neueren preussischen Verfahren, nur dass dieses bei Vergehen die Voruntersuchung lediglich auf Antrag des Staatsanwalts eintreten läst[254].

Auch in der neuesten österreichischen Strafprocessordnung (§. 66...133) findet sich ein längerer Abschnit

254) Preuss. Verordnung vom 3. Jan. 1849 §. 5. 16. 42...47. 75 ...78. Das Zusazgesez v. 3. Mai 1852 art. 120 unterscheidet aber auch bei dem Verfahren des Polizeirichters eine Hauptverhandlung in dem Sinne, dass es nur für diese die Zuziehung eines Gerichtschreibers fordert.

von der Voruntersuchung; allein sie bildet hier nur den Gegensaz zu der Special-Untersuchung (im §. 134...185), also dasjenige, was die Theorie des gemeinen Rechts unter der Generalinquisition verstand.

Um so weniger läst es sich vermeiden, in dem Folgenden die verschiedenen Arten der Voruntersuchung gemeinsam zu behandeln.

B. Befugnisse der Untersuchungsbehörde.

1. Uebersicht.

134. Die von dem Inquirenten anzuwendenden Untersuchungsmittel bestimmen sich teils auf technischem Wege nach den Regeln der Klugheit, der Untersuchungskunst, teils nach den ihm rechtlich eingeräumten Befugnissen und den damit zusammenhängenden Pflichten. Nur von diesen Rechten und Pflichten ist hier zu reden [255]: sie lassen sich einteilen in die einfachen Untersuchungsmittel und in die ausserordentlichen Maasregeln, die der Inquirent ergreifen darf. Den Gegenstand der Untersuchungsbefugnisse aber bilden entweder bestimmte Sachen, oder bestimmte Personen.

Bei den Sachen ist der Inquirent immer zur Besichtigung, ausserordentlicher Weise auch zur Haussuchung, zur Schrifteneinsicht und zur Beschlagnahme befugt.

Die Personen kan er immer nötigen zu erscheinen und sich vernehmen zu lassen; nach Umständen darf er zu Freiheitsbeschränkungen, zu Strafen oder Belohnungen übergehen.

---

255) Das Hauptwerk über die Untersuchungskunst oder Untersuchungskunde ist von Jagemann, 838. 841. 2 Bde.

2. Reale Untersuchungsmittel.

a. Die einfache Besichtigung.

135. Die Besichtigung betrift besonders den Ort, die Werkzeuge und die Gegenstände des Verbrechens; demnach ist sie entweder eine Lokal- oder eine Mobiliarbesichtigung, zur lezteren aber ist auch die Körperschau und die Schrifteneinsicht zu rechnen. In allen Fällen muss der Untersuchungsrichter sie persönlich vornehmen, nötigenfals in Beistand eines Kunstverständigen; die Resultate sind mit höchster, nach Umständen selbst mit mathematischer Genauigkeit zu protokolliren. Was hierin zu Anfang der Untersuchung versäumt wird, kan selten genügend nachgeholt werden. Nur die Körperschau an lebenden Personen ist, wo der Anstand es fordert, den Medicinalpersonen allein zu überlassen, denen die Regeln der gerichtlichen Arzneikunde zur Richtschnur dienen.

Die L e i c h e n schau dagegen, sofern sie bei den sichtbaren Verlezungen stehen bleibt, und nicht auf die Oeffnung der Leiche, auf die Lungenprobe oder auf chemische Analysen erstrekt wird, soll nach Vorschrift der peinlichen Gerichtsordnung (art. 147. 149) in Gegenwart des Richters, zweier Schöffen und des Gerichtschreibers von Sachverständigen vorgenommen werden. Ihr Hauptzwek ist Ermittelung der Ursache des Todes; das nächste Resultat derselben wird als Vi s u m r e p e r t u m verzeichnet, welches die Grundlage des später auszuarbeitenden P a r e r e m e d i c u m ist.

Neuere Geseze haben vor Allem für die zeitige und zuverlässige Recognition der Leiche durch Bekante des Verstorbenen Sorge getragen [256].

---

256) Dies geschieht auch durch die rheinpreussische Verordnung der Immediatjustizcommission vom 4. Februar 1818, die eine auffallende Lücke der französischen Gesezgebung über die Behandlung der Leichen ergänzt hat.

b. Die Haussuchung, visite.

136. Wir denken bei der Haussuchung nur an die bewohnten Gebäude, an die Räume, denen zu allen Zeiten eine gewisse Heiligkeit und Unverlezlichkeit zugeschrieben wurde, wenn auch nicht so ausdrüklich, wie die neueren Verfassungsgeseze es meistens gethan haben[257].

Die sonach nur als Ausnahme von der Regel zulässigen Verlezungen des Hausrechts waren in Rom dem Privatmann nur wegen Diebstahls gestattet, jedoch unter seltsamen, altertümlichen Formalitäten (furtum lance et licio quaesitum). Auch das germanische Recht erlaubte ihm die Haussuchung in diesem Falle, aber es strafte ihn, wenn sie vergeblich blieb. Selbst das richterliche Haussuchungsrecht scheint sich lange auf den Fall des Diebstahls und der persönlichen Verfolgung des Inculpaten beschränkt zu haben, bis man in späterer Zeit an eine gewisse Allmacht, nicht blos des Untersuchungsrichters, sondern selbst der Polizeibehörden zu glauben anfing, die aber auch das Bedürfnis neuer gesezlicher Schranken sehr bald empfinden lies. Diese Schranken betreffen jezt hauptsächlich: 1) die Zeit der Haussuchung, indem mit Ausnahme der dringendsten Notfälle nur die Wohnungen der unter Polizeiaufsicht gestellten Personen, die Spielhäuser und die Bordelle auch bei Nacht durchsucht werden dürfen; 2) die Form derselben, indem ein beteiligter Hausbewohner zugezogen werden muss[258].

---

257) vgl. Preuss. Verfassung vom 31. Jan. 1850, art. 6: »Die Wohnung ist unverlezlich. Das Eindringen in dieselbe und Haussuchungen, so wie die Beschlagnahme von Briefen und Papieren, sind nur in den gesezlich bestimmten Fällen und Formen gestattet.« — Diese vorbehaltenen Bestimmungen finden sich für Preussen in dem Geseze »zum Schutze der persönlichen Freiheit« vom 12. Februar 1850. §. 7...13., und im §. 27 des neuen Strafgesezbuchs.

258) Die preussische Criminalordnung von 1805 §. 126...130

Mitunter dürfen bei der Haussuchung sogar die Grenzen der Jurisdictionsbezirke überschritten werden. So nach rheinischem Rechte bei der Falschmünzerei und der Fälschung öffentlicher Schuldurkunden [259].

Die Durchsuchung kirchlicher Orte kan durch das Asylrecht erschwert werden, dessen im Kirchenrechte (Buch VI §. 202) zu gedenken ist.

c. Schrifteneinsicht und Brieferöfnung.

137. Wie bei der Haussuchung durch Schloss und Riegel, so kan bei der Schrifteneinsicht durch das Siegel eine Schranke gebildet werden, welche der Inquirent nicht unbedacht überschreiten soll. Aber ganz irrig wäre es zu glauben, dass dieses die einzig wesentliche Schranke bilde, und dass die Einsicht unversiegelter Schriften da immer erlaubt sei, wo die Haussuchung gerechtfertiget erscheine. Die Schrift ist die Trägerin und Bewahrerin unserer geistigen Güter, die auch der Obrigkeit noch heiliger sein sollen, als die häusliche Wohnung. Dass jedes Eindringen aus reiner Neugier verwerflich sei, versteht sich von selbst; aber auch die blofse Möglichkeit, Beweise für die Schuld des Inculpaten zu gewinnen, kan die Schriftendurchsicht nicht unbedingt rechtfertigen. Nur auf solche Schriften, die das Product des Verbrechens oder das Mittel seiner Begehung gewesen sind, muss die Durchsuchung sich unbedenklich erstrecken.

Unsere Gesezgebungen, auch die der lezten Jahre, sind in diesem Puncte sehr lückenhaft; nur in der badi-

---

verpflichtet den Inquirenten auch zur persönlichen Leitung der Haussuchung, und zur Ausstellung eines kostenfreien Rechtfertigungs-Attestes an den Hausbewohner, wenn sich nichts Verdächtiges bei ihm gefunden hat.

259) Code d'instruction crim. art. 464. Die preussische Criminalordnung §. 129 hat diese Erlaubnis auf alle Untersuchungen ausgedehnt.

schen Criminalordnung §. 121...124. 134 erscheint Alles reiflicher erwogen. Hier wird die Durchsuchung der Papiere ganz untersagt bei Vergehen, die nur mit Geldstrafe oder Amtsgefängnis bedrohet sind; und auch in andern Fällen darf der Inhaber die Einsicht einzelner, einsweilen zu versiegelnder Papiere so lange verweigern, bis das vorgesezte Richtercollegium über seinen Widerspruch entschieden hat.

138. Die besonderen Hindernisse aber, welche ein Siegel dieser Durchsicht entgegen stellen kan, treten bei dem eigenen Siegel des Inculpaten nur ein, in sofern dritte Inhaber, z. B. die Postbehörden, welchen das Schreiben versiegelt anvertrauet war, die Auslieferung allgemein verweigern müssen, bis sie in legaler Weise dazu gezwungen werden. Viel mehr noch gilt eben dies von den Schriften oder Briefen dritter Nichtinculpaten, die an den Inculpaten adressirt, aber mit dem eigenen Siegel der Absender verschlossen wurden. Denn bis sie wirklich in die Hand des Adressaten gelangt sind, bleiben sie das Eigentum des Absenders; ihr Inhalt darf sein Geheimnis bleiben.

Das französische Recht hat nur die Unterschlagung oder Eröfnung der zur Post gegebenen Briefe mit einer besonderen Strafe bedrohet [260]. Die neueren deutschen Geseze gehen weiter: sie verbürgen die Unverlezlichkeit des Briefgeheimnisses allgemein, so dass die in strafgerichtlichen Untersuchungen und in Kriegsfällen unvermeidlich werdenden Ausnahmen einer besonderen Bestätigung bedürfen [261]. Auch hier gebührt aber der badischen

260) Code pénal art. 187. Um so anstöfsiger blieben und bleiben die Eingriffe des s. g. schwarzen Cabinets in das Briefgeheimnis, sowohl unter der ersten, als unter der zweiten Kaiserregierung in Frankreich.

261) Preuss. Verfassung art. 33. vgl. Strafgesezbuch §. 280. 328.

Gesezgebung das Verdienst der sorgfältigsten Behandlung dieser Ausnahmen [262].

d. Die Beschlagnahme.

139. Die Beschlagnahme von Sachen kan teils die Ueberführungstücke, teils das Vermögen des Inculpaten betreffen.

1) Die Ueberführungstücke müssen, auch abgesehen von der Möglichkeit ihrer künftigen Confiscation (§. 36 a. e.), einsweilen in gerichtlichem Gewahrsam gehalten werden — das Recht dazu bedarf keiner besonderen Begründung. Aber um so mehr ist der Inquirent auch verpflichtet, nicht blos die Zwecke der gerichtlichen Verhandlung, sondern zugleich auch das Interesse des Eigentümers im Auge zu behalten; er haftet diesem für die künftige vollständige Rükgabe der mit Arrest bestrikten Gegenstände, teils durch gehörige Obhut, teils durch genaue Inventarisirung bei der Beschlagnahme selbst [263].

2) Die vorläufigen Einschreitungen gegen das Vermögen des Inculpaten darf der Untersuchungsrichter in drei Fällen vornehmen oder veranlassen:

a) in Verbindung mit der Verhaftung desselben (s. unten §. 145...149);

b) wenn eine Civilpartei (§. 117) darauf anträgt, um

Württemb. Strafgesezb. art. 415. 443 u. a. m. Nur die neueste österreichische Criminalordnung §. 108...111. so wie die sächsische art. 197...210 haben sich dieser beschränkenden Fesseln fast ganz wieder entledigt; denn dass die sächsische zur postamtlichen Auslieferung von Briefen wenigstens einen vorgängigen Vorführungsbefehl gegen den Inculpaten verlangt (art. 209), kan doch nur als sehr illusorische Schranke angesehen werden.

262) Badische Criminalordnung §. 125...134.

263) vgl. Oesterr. Strafprocessordnung §. 102. 107.

sich wegen des ihr gebührenden Schadenersazes zu sichern; dann entscheiden die Grundsäze des Realarrests im Civilprocesse (II, §. 742..746);

c) wenn der Inculpat durch seinen Ungehorsam ein Contumacialverfahren veranlast. Die dann eintretende s. g. annotatio bonorum aber wird in diesem Zusammenhange erst unten vorkommen.

2. Maasregeln gegen bestimmte Personen.

a. Die Vorladung.

140. Im Allgemeinen ist Jedermann, ohne Rüksicht auf seinen besondern Gerichtstand, und ohne den Zwek der an ihn ergangenen Ladung vorher zu erfahren, vor dem Untersuchungsrichter seines Bezirks zu erscheinen vorpflichtet: das wilkürliche Ausbleiben des Geladenen ist überall mit Zwangsladung oder Geldstrafen, nach manchen Gesezen auch mit kurzem Gefängnis bedrohet. Es giebt aber, ausser den Kranken, Gebrechlichen und Auswärtigen, auch privilegirte Personen, die der Inquirent entweder schriftlich befragen, oder in ihrer Wohnung aufsuchen, oder durch Andere befragen lassen muss; wie namentlich die Mitglieder des regierenden Hauses, die Gesandten, und die Militärpersonen, deren Erscheinen meist von der Genehmigung ihrer Oberen abhängig bleibt[264].

Einheimische, die in anderen Gerichtsbezirken wohnen, werden wenigstens bei gröfserer Entfernung in ihrem Wohnorte vernommen, und nur etwa zum förmlichen Zeugnis in der mündlichen Hauptverhandlung persönlich herangezogen. Dass ihnen die Reisekosten aus der Ge-

---

264) vgl. überhaupt Preuss. Crim. Ordn. c. 311. 315. 352. Verordnung v. 3. Jan. 1849 §. 20. Zusazgesez art. 24. Code d'instr. crim. 80...86. Oesterreich. Strafprocessordnung §. 114...120.

richtscasse zu erstatten sind, versteht sich von selbst; für die Versäumung eigener Geschäfte aber darf mitunter auch der Bewohner desselben Orts eine Entschädigung fordern, die nicht recht passend als Zeugengebühr bezeichnet wird [265].

141. Die Form der Vorladung soll sich nach den Umständen richten; erst wenn der Geladene bestimmt als Inculpat behandelt wird, muss sie schriftlich [266] und als Befehl ausgedrükt sein.

Die strengsten Formen sind die Edictalien und die Zwangsladungen.

Edictalien können als Ladungen nötig werden bei bestimmten Personen, deren Namen oder Aufenthalt der Inquirent sonst nicht ermitteln kan; als blofse Aufforderungen treten sie ein, wenn von ganz Unbekanten nähere Aufklärung über das Verbrechen erwartet werden darf. In diesem Falle wird auch die amtliche Verheissung einer Belohnung für erlaubt gehalten; schiklicher ist es gewiss, solche Hülfsmittel zunächst dem verlezten Privatmann zu überlassen.

Zwangsladungen oder Realcitationen rechtfertigen sich nicht blos durch den schon eingetretenen Ungehorsam des Geladenen (§. 147 a. c.), sondern auch durch die Voraussichtlichkeit seiner Flucht im Falle einer gewöhnlichen Ladung.

Von dem äussersten Mittel des Inquirenten, dem Stekbriefe, wird unten (§. 201) zu reden sein.

Die genaueste Stufenleiter der verschiedenen La-

---

265) s. Bd. II §. 655. vgl. Preuss. Crim. Ordn. 353. 316. Code d'instr. crim. 82...84. Oesterreich. 116.

266) Nach rheinischem Rechte ist die schriftliche Ladung immer unerläslich, denn sie muss von dem Erscheinenden vorgelegt werden, ehe er vernommen wird. Code d'instr. crim. 71. 72. 74.

dungsformen hat die rheinische Criminalordnung aufgestellt. Sie unterscheidet: 1) die einfache Ladung, citation, avertissement[267]; 2) den Erscheinungsbefehl, mandat de comparution[268]; 3) den Vorführungsbefehl, mandat d'amener[269]. Von den Stekbriefen schweigt sie.

b. Die Vernehmung.

α. Inhalt derselben.

142. Aus der Notwendigkeit, vor dem Untersuchungsrichter oder seinem Vertreter (§. 140) zu erscheinen, folgt noch nicht die Verpflichtung, ihm auf alle Fragen zu antworten; vielmehr komt es dabei teils auf den Inhalt, teils auf die Form und den Zwek der Befragung an.

Der Inhalt der Frage berechtiget zur Ablehnung der Antwort:

1) wenn der Befragte, nicht als Inculpat, sondern als Zeuge[270], über ein eigenes widerrechtliches Betragen Auskunft geben soll;
2) wenn er etwas zum Nachteil seiner nächsten Verwandten aussagen müsste;
3) wenn er verraten soll, was ihm als Amtsgeheimnis bekant geworden ist;
4) wenn er als Geistlicher die Geheimnisse seiner Seelsorge, namentlich das Beichtgeheimnis, verlezen soll;

---

267) art. 169. 170.

268) art. 91. 95.

269) art. 40. 91. 92. 99. 157. 189. 211. 355. — Eine ähnliche Gliederung findet sich bei den Verhaftungen, zwischen dem saisissement, dem mandat de dépôt, dem mandat d'arrêt und der ordonnance de prise par corps s. unten §. 146.

270) Das englische Recht kennt diesen Unterschied nicht; die berühmte Formel: »I decline an answer«, befreiet jeden Inculpaten von weiteren Zumutungen, sich über die Anschuldigung zu erklären.

5) wenn er verraten soll, was ihm der Inculpat als erwähltem oder bestelltem Verteidiger anvertrauet hat.

Freilich sind unsere Criminalordnungen in diesen Stücken sehr wenig übereinstimmend. Die österreichische (§. 112. 113. 133) nennt die lezten vier Fälle ausdrüklich; die preussische (§. 313. 357. 358) übergeht den Defensor und das Ablehnungsrecht der Verwandten, die rheinische (art. 156) hingegen gedenkt nur der Verwandten, u. s. w.[271]. — Bei dem Beichtsiegel ist auch noch der Unterschied zwischen dem Vernehmungsrecht und der gesezlichen Anzeigepflicht (§. 126. 27) nicht zu übersehen; denn die leztere kan auch dem Seelsorger in Ansehung der noch bevorstehenden oder fortgesezten Verbrechen nicht gänzlich erlassen werden[272].

Unberechtigte Antwortsweigerung kan mit ähnlichen Nachteilen bestraft werden, wie das unberechtigte Nichterscheinen; die Meinung aber, dass diese indirecten Zwangsmittel einer unbegrenzten Steigerung fähig seien, ist, nachdem sie zu einigen schreienden Misbräuchen geführt hatte, jezt glücklich beseitigt worden[273].

---

271) vgl. Bayer. Strafgesezb. 199...218. Württemb. 194...216. Bad. 143...168. Mittermaier Th. I §. 67.

272) Preuss. LdR. §. 80...82. Nur in Weimar hatte eine Verordnung vom 7. Oct. 1823 §. 38 sogar ein richterliches Abhörungsrecht über die Beichtgeheimnisse einführen wollen, was erst 1850 geändert ist; s. überhaupt Evangelisches Kirchenblatt 1859 S. 416...438.

273) Die Hauptveranlassung zu dieser brennenden Frage der lezten zwei Jahre gab die Verhaftung eines Zeitungsredacteurs in Cöln, die freilich der anderswo, z. B. in Hamburg, geübten Strenge noch lange nicht gleich kam. vgl. Goltdammer's Archiv f. preuss. Strafrecht Bd. XI S. 819 ff., wo auch das Gutachten des Bonner Spruchcollegiums in jener Sache abgedrukt ist. Dazu kommen die Verhandlungen des Braunschweiger Juristentags vom J. 1864.

β. Form der Vernehmung: Vereidung und Aufzeichnung.

143. So lange es dem Untersuchungsrichter nur um vorläufige Aufklärungen (déclarations, renseignemens) zu thun ist, bedarf es nicht notwendig einer Vereidung des Vernommenen; zum Zeugenbeweise (témoignage, preuve testimoniale) ist auch der Zeugeneid unentbehrlich. In sofern besteht also ein wesentlicher Unterschied zwischen den blofsen Auskunftgebern und den Beweiszeugen [274].

Die Vereidung darf aber, so weit sie möglich ist, und keinem besondern Bedenken unterliegt, schon in der Voruntersuchung nicht versäumt werden: teils um die Zuverlässigkeit der Auskunft zu erhöhen, teils um die künftige Beweisführung zu sichern.

Wer jedoch eidesunfähig ist [275], und wer nur freiwillig eine Auskunft erteilt, zu der er nicht verpflichtet war (§. 140), der darf auch zum Zeugeneide nicht genötiget werden.

Der Zeitpunct der Vereidung ist, wie im Civilprocesse (II, §. 657), im französischen Rechte vor, im preussischen und österreichischen nach der Vernehmung [276]. Das leztere gewährt aber bei der Voruntersuchung den grofsen Vorzug, dass unglaubwürdige Aussagen ganz unbeeidigt bleiben können [277]; auch nach gemeinem Rechte ist es ganz unbedenklich, wenn nur dabei eine förmliche Zeugenvernehmung noch vorbehalten bleibt.

Die Notwendigkeit einer möglichst wörtlichen Protokollführung in der Voruntersuchung ist schon früher (§. 115) hervorgehoben worden; auch die Unterschrift,

---

274) Preuss. Crim.Ordn. 356. 357. Code d'instr. crim. 79. 269.

275) s. Bd. II §. 78. Code d'instr. crim. art. 75. 79.

276) Code d'instr. crim. 75. Preuss. Crim.Ordn. 317. 332...341. Oesterr. 131.

277) Preuss. Crim.Ordn. §. 356 a. e.

oder wenigstens die beglaubigte Genehmigung des Protokolls durch den Vernommenen nach geschehener Wiedervorlesung, ist zu seiner künftigen Beweiskraft unerläslich [278].

Die meistens übliche, und auch wohl gesezlich vorgeschriebene Auflage [279] des Stillschweigens, bevor der Zeuge entlassen wird, ist nicht als blofse Redensart zu behandeln: wo von der Gefahr des Ausplauderns viel zu besorgen ist, da darf der Zeuge sogar durch einen Verwahrungsbefehl (mandat de dépot) einsweilen im gerichtlichen Gewahrsam zurükgehalten werden.

γ. Die Confrontation.

144. Die allgemeine Regel, dass zunächst nur e i n e Person zur Zeit zu vernehmen ist [280], bedarf keiner besonderen Rechtfertigung. Sind aber Widersprüche unter verschiedenen Personen zu lösen, dann d a r f der Untersuchungsrichter, sofern er es für n ü z l i c h und u n g e f ä h r l i c h hält, eine Gegenüberstellung unter ihnen veranstalten. Ein Recht, die Confrontation schon in der V o runtersuchung zu fordern, hat weder der Inculpat [281], noch der Zeuge; und die Vorsicht verbietet sie zu übereilen, weil sie sehr oft zu Collusionen benuzt wird.

Abweichend von dieser allgemeinen Regel hat die preussische Criminalordnung (345. 346) die Confrontation unter zwei widersprechenden Z e u g e n sofort, und wo möglich noch vor ihrer Vereidung vorgeschrieben.

---

278) vgl. Preuss. Crim.O. 55...57. Oesterr. Str.P.O. 184. Code d'instr. crim. art. 76...78.

279) Preuss. Crim.Ordnung §. 342.

280) Code d'instr. crim. 73. Die Preuss. Crim.Ordnung §. 318 schreibt die Gegenwart des Defensors vor, was aber auf die V o runtersuchung gar nicht anwendbar ist.

281) Das Gegenteil bestimmt die österreich. Str.P.O. 183.

Mehr als zwei Personen zugleich zu confrontiren, verbietet überall die Klugheit, zum Theil auch das Gesez[282].

c. Die Verhaftung.

α. Begrif und Arten der Vorhaft.

145. Wir verstehen unter der Vorhaft sowohl die Untersuchungs- als die Sicherheitshaft, d. h. sowohl diejenige, die zur Förderung der Untersuchung verfügt wird, als diejenige, die zur Sicherung der künftigen Strafvollstreckung, bis zum Urteil lezter Instanz fortdauern muss.

Sie ist nicht zu verwechseln mit der blos polizeilichen Verwahrung, die nach den neuesten Gesezen nicht über 24 Stunden währen darf, und nur die Beseitigung augenbliklicher Gefahren oder Störungen der öffentlichen Ordnung bezwecken soll[283].

Aber auch in Rüksicht auf ein einzuleitendes oder bereits eingeleitetes Strafverfahren kan die Verhaftung ohne Mitwirkung des eigentlichen Strafrichters erfolgen, wenn jemand bei einem Verbrechen oder schweren Vergehen auf handhafter That (§. 128) betroffen, oder als präsumtiver Thäter zugleich der Flucht verdächtig erscheint. Das französische Recht bezeichnet diese Maasregel als saisissement[284], das preussische und österreichische als vorläufige Ergreifung und Festnahme; denn sie darf ebenfals nicht über 24 Stunden dauern, ohne durch die Strafjustizbehörden legalisirt zu werden. Die Wiederentlassung gebührt dem Staatsanwalt oder dem Gerichte[285].

---

282) Preuss. Crim.Ordnung §. 350 Oesterr. 129.

283) Gesez zum Schuze der persönlichen Freiheit v. 12. Febr. 1850 §. 6.

284) Code d'instr. crim. 40. 106.

285) Gesez vom 12. Febr. 1850 §. 2...5 10. Oesterr. StrafPr O. §. 151.

146. Die gerichtliche Verhaftung wird als provisorische Verwahrung (dépôt), als blofse Verlängerung der Zwangstellung (§. 141) betrachtet, wenn sie durch den Staatsanwalt oder den Inquirenten verhängt, und deshalb auch durch lezteren wieder aufgehoben werden kan. Eine andauernde Untersuchungshaft dagegen kan nach gemeinem und preussischem Rechte nur von den Gerichten ausgehen; sie sezt einen schriftlichen Befehl voraus, und ist der Anfechtung im Beschwerdewege unterworfen [286]. Andere Geseze haben aber auch schon dem Inquirenten, in Verbindung mit dem Staatsanwalte, das Recht erteilt, die Untersuchungshaft zu verhängen [287].

Die Wiederaufhebung erfordert, mit Ausnahme von Oesterreich, fast überall einen collegialischen Beschluss [288].

Von diesen Fällen des „mandat de dépôt" und „mandat d'arrêt" unterscheidet nur der rheinische Strafprocess noch die „ordonnance de prise par corps", oder die strenge Criminalhaft, welche dem Assisenverfahren vorausgeht, und ein besonderes Gefängnislocal voraussezt. Sie wird von der Instructionskammer und von dem Anklagesenate (§. 112) verhängt [289].

Gegen anwesende Zeugen kan nach rheinischem Rechte der Untersuchungsrichter einen Verwahrungsbefehl, der Assisenpräsident einen Haftbefehl erlassen; den Haftbefehl auch jeder andere vorsizende Richter gegen Ruhestörer während der gerichtlichen Verhandlung [290].

286) Preuss. Verordnung vom 3. Jan. 1849 §. 13. Gesez v. 12. Febr. 1850 §. 1. Zusazgesez art. 11...17.

287) Code d'instr. cr. 91. 94..98. Oesterr. StrPO. §. 152...160.

288) Oesterr. SPO. 161. Code d'instr. cr. 128...131. 229. 230.

289) Code d'instr. crim. 134. 231. 232. 239.

290) Code d'instr. cr. 86. 330. 504.

β. Verhaftungsgründe.

147. Die beiden bereits erwähnten Gefahren, gegen welche die Vorhaft schüzen soll: Flucht des Inculpaten und Verdunkelung der Wahrheit, müssen teils nach der Schwere des Vergehens und der präsumtiven Strafe, teils nach dem Grade der Ueberführung, teils endlich nach der Persönlichkeit des Inculpaten ermessen werden.

In der ersten Beziehung versteht es sich von selbst, dass bei blofsen Uebertretungen (§. 17) die Vorhaft eben so unpassend sein würde, als sie bei Verbrechen unentbehrlich erscheint; in Ansehung der Vergehen aber bleibt die Praxis wie die neuere Gesezgebung sehr schwankend.

Die Peinliche Gerichtsordnung art. 11. 12 gestattete selbst bei schweren Verbrechen die Vorhaft des Angeklagten nur unter gleichzeitiger Verhaftung des Anklägers, bis dieser genügende Bürgschaft geleistet hatte.

Dagegen verlangt die preussische Criminalordnung (208) nur die Wahrscheinlichkeit einer mehr als einjährigen Strafhaft, und selbst darauf soll bei Dieben, Betrügern und ähnlichen Verbrechern nicht gesehen werden. Die neue österreichische Strafprocessordnung (156) befiehlt die Vorhaft bei der Aussicht auf wenigstens fünfjährige Kerkerstrafe, oder wenn die strafbare Handlung grofses öffentliches Aergernis verursacht hat; die rheinische[291], wenn eine Leibes- oder entehrende Strafe zu erwarten steht, gestattet sie aber auch schon bei jeder voraussichtlichen Strafhaft.

Der Grad der Ueberführung kan die Vorhaft rechtfertigen bei Ergreifung auf frischer That, bei sonstiger Gewisheit über die Person des Thäters, und bei bereits erfolgter Verurteilung in erster Instanz.

Die Persönlichkeit des Inculpaten endlich kan für die Vorhaft entscheidend werden bei Vagabonden und rükfälligen Thätern, bei denjenigen, die sich verstekt

---

291) Code d'instr. crim. 91. 94. 113...115. 231...35.

gehalten oder einen Fluchtversuch unternommen, oder dem Verbot der Entfernung vom Orte der Untersuchung nicht gehorcht haben; endlich bei denjenigen, die eine Verdunkelung der Wahrheit ernstlich besorgen lassen[292].

γ. Abwendung der Vorhaft.

148. Abgesehen von dem bereits erwähnten Wege der Beschwerde oder der Opposition (§. 146), giebt es nur zwei, wenig praktische Abwendungsmittel gegen die Vorhaft: Bürgschaft und sicheres Geleit.

Die Bürgschaft wird bei schweren Verbrechen gar nicht angenommen[293], und das sichere Geleit (saluus conductus) ist kaum noch als lebendiges Institut zu betrachten. Es war im Mittelalter entstanden, nicht als Abweichung von dem regelmäfsigen Gange des Strafverfahrens, sondern als Schuz gegen die Gewalt, die der vorläufig Geächtete, wenn er freiwillig sich stellen wolte, zu fürchten hatte[294]; erst allmählig führte es zu dem Versprechen der Haftfreiheit für den, der von den Gerichten nicht aufzufinden oder nicht zu erreichen war. Nach gemeinem Rechte, wie nach der preussischen und österreichischen Criminalordnung, darf schon der Oberrichter zu dieser Nothülfe greifen, jedoch nicht bei schweren und gemeinen Verbrechen; die badische hat sie dem Justizminister, die bayerische und württembergische dem Könige vorbehalten[295]. Zur Ausführung gehört ein besonderer Geleitsbrief.

---

292) vgl. Preuss. Crim.Ordnung §. 209. 213. Gesez v. 12. Febr. 1850 §. 2. Oesterr. 154. 156. 162.

293) fr. 3 de Custodia reorum (Dig. 48, 3). Preuss. CrO. 210. 211. Code d'instr. crim. 113...126. — Anders in England, jedoch nur wenn zugleich sehr hohe Geldsummen, halb vom Bürgen, halb vom Inculpaten, deponirt werden.

294) vgl. Peinl. Gerichtsordnung art. 76. 156.

295) Preuss. CrO. §. 246. 247. Bayer. v. 1813 II, 417. Oesterr. 389. Bad. 313. Württ. 172.

Im französischen Processe hängt der „sauf conduit“ gar nicht mit dem Strafverfahren zusammen; er schüzt nur den insolventen Schuldner, der sich als Zeuge vor Gericht zu stellen hat, gegen die Gefahr, in Schuldhaft gebracht zu werden [296].

δ. Ausführung der Vorhaft.

149. Zur Ausführung der Vorhaft bedarf es vor Allem eines öffentlichen Arresthauses, denn die Einsperrung in der eigenen Wohnung des Verhafteten würde nur unter ganz ausserordentlichen Umständen zuzulassen sein. Eben so allgemein fordern aber die Geseze auch die Sonderung der Untersuchungs- von den Strafgefängnissen [297], und selbst mit den Schuldgefängnissen, den Civilarresthäusern, solten sie eigentlich nicht vermengt werden. Aber wie oft sind diese Verbote, nicht blos im Drange augenbliklicher Noth, vergessen worden!

Um so weniger dürfen dem Inculpaten diejenigen Milderungen der Haft versagt werden, die er sich, unbeschadet der Sicherheit, auf eigene Kosten verschaffen will; und ganz besonders soll ihm die Gelegenheit, sich über die Ausführung der Vorhaft zu beschweren, möglichst gewährt werden. So z. B. ist es nur zu billigen, wenn er, nach einigen Rechten, bei jedem Verhör auch über diesen Punkt ausdrüklich befragt werden muss.

Zu den mehr formellen Rüksichten, die dem Verhafteten zu erweisen sind, gehört nach neueren Gesezen vor Allem die Zustellung des gehörig motivirten schriftlichen Haftbefehls, spätestens binnen den ersten 24 Stunden. Hauptzwek ist dabei die sofortige Aufklärung möglicher Misverständnisse [298].

---

296) Code de commerce 466. 468. 490. 493. 567. 594. Code de procédure 781. 782.

297) s. oben Note 65.

298) Code d'instr. cr. 96. 97. Preuss. Gesez v. 12. Febr. 1850 §. 1. 5. Oesterr. StrPO. 157.

d. Wahrheitsförderungen und Ungehorsamstrafen.

1. Uebersicht.

150. Unter dem Namen media eruendae ueritatis hatte die Theorie des gemeinen Strafprocesses eine Anzahl von Nachhülfen zusammengestellt, welche das Geständnis und die Ueberführung des bereits gravirten Inculpaten befördern solten. Fast alle diese Mittel sind aber durch die neueren Reformen des Strafprocesses beseitiget worden; denn sie bildeten die bedenklichsten Auswüchse des einseitigen Verlangens nach materieller Wahrheit um jeden Preis (§. 104).

Die meisten dieser Mittel glaubte man freilich auch schon als Contumacialstrafen rechtfertigen zu können; aber man vergafs, dass sich dahinter meist nur eine anticipirte Verurteilung des Angeschuldigten verstekte. Die Zwangsmittel, die schon dem Untersuchungsrichter gegen den Ungehorsam des Inculpaten zu Gebote stehen müssen, betreffen zunächst nur den Fall seines gänzlichen Ausbleibens [299]; gegen Uebermut und Beleidigungen wird besser die ihm vorgesezte richtende Behörde einschreiten. Lügen aber, und beharrliches Schweigen dürfen allerdings bei der Hauptentscheidung auch als Indicien der Schuld berüksichtiget werden [300].

---

299) Die dawider gerichteten Stekbriefe und Güterbeschlagnahme werden später bei dem Verfahren gegen Abwesende vorkommen.

300) Selbst die neueste österreichische Strafprocessordnung, welche sich sonst in vielen Puncten den älteren Grundsäzen wieder zugewendet hat, gestattet dem Inquirenten keine Anwendung von Contumacialstrafen: s. §. 177 a. e. und 182, verglichen mit §. 163...171. — Die preussische Criminalordnung von 1805 §. 288...296 hatte dem vorgesezten Gerichte das Recht vorbehalten, auf Züchtigung »verstokter« Inculpaten zu erkennen!

2. Unstatthafte Mittel.

α. Ueberlistungen?

151. Nach den eben entwickelten Ansichten kan auch über die Verwerflichkeit der Ueberlistungen von Seiten des Inquirenten kein Zweifel obwalten, in sofern sie durch positiv veranstaltete Täuschungen bewirkt werden solten. Dahin sind besonders die falschen Vorhalte über angeblich bereits ermittelte Thatsachen oder Geständnisse der Mitschuldigen, so wie die künstlich bereiteten Versuchungen zu zählen, sich einem verstellten Haftgenossen oder Gefangenwärter anzuvertrauen. Nur so weit darf man den Rigorismus nicht treiben, dass der Inquirent auch den eigenmächtigen Collusionen oder Lügen des Inculpaten zuvorkommen müste, deren Aufdeckung möglicherweise zu seiner Ueberführung gereichen könte.

β. Begünstigungen?

152. Straflosigkeit oder Strafmilderung kan der Inquirent weder vor noch nach dem Geständnisse dem Inculpaten versprechen[301], und selbst seine Geneigtheit, ein künftiges Begnadigungsgesuch wegen zeitig bewiesener Reue zu unterstüzen, soll er nur behutsam zu erkennen geben, weil seine amtliche Stellung ihm nicht gestattet, ein Geständnis durch bindende Zusagen dieser Art zu erkaufen.

Noch weniger darf er durch die Aussicht auf Milderungen der Untersuchungshaft zu Geständnissen verleiten; denn bei der Vorhaft ist jede Milderung, die an sich möglich erscheint, auch jedem Inculpaten ohne Unterschied zu gewähren.

---

301) Die Preuss. Crim.Ordnung §. 299 hatte dem Justizministerium (Criminaldepartement) dieses Versprechen vorbehalten.

Aber das natürliche menschliche Gefühl soll und darf freilich auch der Inquirent nicht verleugnen: wird die Untersuchung durch den Ausdruk des Mitleids, der Achtung oder Entrüstung, durch Worte des Trostes oder der Hofnung gefördert, so sind solche Vorteile nicht darum verwerflich, weil sie nicht künstlich veranstaltet werden dürfen.

γ. Tortur und Territion.

153. In Rom galt das Zeugnis des Sclaven nur für glaubhaft, wenn er gefoltert wurde; bei Freien bildete die Tortur eine seltene Ausnahme.

Das kanonische Recht verwarf die Beweiskraft des erzwungenen Geständnisses, ohne die Folter als Aufklärungsmittel auszuschliessen.

Aber im germanischen Rechte muste der Gebrauch der Gottesurteile, namentlich des siedenden Wassers, der glühenden Pflugschar u. s. w.[302] auch das Ansehen der Folter begünstigen; und sie erhielt sich, als jene verboten wurden. So galt sie zur Zeit der peinlichen Gerichtsordnung, die ihren Gebrauch nur genauer geregelt hat[303]. Sie solte namentlich erst eintreten, nachdem dem Inculpaten Gelegenheit gegeben war, seine Unschuld auszuführen (PGO. 47), woran die defensio, so wie die Rechtsmittel, „pro auertenda tortura“ geknüpft wurden. Auch lag es in der Natur der Sache, bei leichten Vergehen nicht zur Folter zu greifen; und in der Praxis entwikkelte sich für manche Personen das Privilegium, „a tortura immunes“ zu sein.

Nur bei den Hexenprocessen glaubte man aller dieser Schranken enthoben zu sein; der epidemische Wahn-

---

302) s. Majer Geschichte der Ordalien. 1795. — Grimm Rechtsalterthümer S. 908...937.

303) Peinl. Ger.Ordnung art. 45...61.

sinn dieser Verfolgungen offenbarte sich auch darin, dass man sie als „casus excepti“ betrachtete, in denen sofort zur Folter zu schreiten sei.

Die Stimmen, die schon zur Zeit der Reformation sich gegen die Tortur erhoben, z. B. von dem Marburger Lersener im J. 1542, verhallten, wie die von Carpzow um das Ende des 17ten Jahrhunderts; erst Thomasius († 1728) brachte es im Anfang des 18ten zur wirklichen Umstimmung der öffentlichen Meinung. Nachdem dann Friedrich der Grofse am dritten Tage seiner Regierung (3. Juni 1740) das erste gesezliche Verbot der Tortur erlassen hatte, ist sie in den meisten Ländern nicht durch Gesez, sondern usuell beseitiget worden.

154. Mit der Tortur muste auch die Territion verschwinden, d. h. die Androhung der Tortur, wo leztere verboten war, bald durch Worte allein (uerbalis), bald unter gleichzeitigen Vorbereitungen oder Anfängen derselben (territio realis). Aber ein anderer, viel schlimmerer Misbrauch trat vorerst an ihre Stelle: die nicht protokollirten, oft sehr raffinirten Mishandlungen, welche die Inquirenten sich eigenmächtig erlaubten, um ein Geständnis zu erpressen. Dürfen wir behaupten, dass sie jezt in keinem Theile von Deutschland mehr vorkommen?

Man hat auch von einer tortura spiritualis, im Gegensaz der corporalis gesprochen, und darunter besonders den Reinigungseid, mitunter auch die Confrontation (§. 144) verstanden. Als practische Folge davon war dann sogar wohl eine besondere „defensio pro auertenda confrontatione“ vorgekommen.

C. Der Schluss der Voruntersuchung.

155. So wie der Inquirent zu dem Anfange der Voruntersuchung eines bestimmten äusseren Anstofses

bedarf, so soll er auch den Schluss derselben nicht eigenmächtig verfügen; er ist dabei an die Beistimmung, oft an eine bestimmte Verfügung der höheren Behörde gebunden.

Um so mehr gehört der motivirte Schlussbericht, an das erkennende Gericht oder an die Instructions- oder Rathskammer (§. 112), zu den wesentlichen Pflichten des Untersuchungsbeamten; sei es um zu dem eigentlichen Hauptverfahren überzugehen, oder die Ueberweisung des Inculpaten an eine andere Behörde, oder seine definitive Entlassung, oder wenigstens die einsweilige Einstellung des Verfahrens herbeizuführen. Das gemeine Recht legt auch auf das vorausgehende Schlussverhör ein wohlbegründetes Gewicht, weil dies für den Inculpaten die lezte Gelegenheit zu sein pflegt, sich persönlich verteidigen, und der Abschneidung von Entlastungsbeweisen vorbeugen zu können [304].

Lautet das nun erfolgende Schlussdecret auf förmliche Versezung in Anklagezustand, namentlich auf Anklage vor dem Geschwornengerichte, so gestatten die meisten Gesezgebungen dem Inculpaten die sofortige Einlegung von Rechtsmitteln [305].

II. Das Hauptverfahren.

A. Uebersicht.

156. Der Zwek des Hauptverfahrens besteht, im accusatorischen sowohl, als im inquisitorischen Strafprocesse, hauptsächlich in der Prüfung der Beweismittel für und gegen den Angeschuldigten, so wie in der rechtlichen Würdigung der aus diesen gewonnenen factischen

304) In der Rheinprovinz ist dasselbe wenigstens für einfache Polizeisachen vorgeschrieben, durch Verordnung vom 14. Oct. 1814.

305) vgl. Oesterr. StrPO. 202. .212.

Resultate. Anschuldigung, Verteidigung und Urteil gehören also überall in diesen Abschnit des Verfahrens.

Der Hauptunterschied beider Processformen besteht aber darin, dass das inquisitorische Verfahren sich mit den schon in der Voruntersuchung ermittelten Beweisen begnügen und das Urteil auf diese Acten gründen will, während der accusatorische Process in der Regel (§. 133) auch noch ein eigenes Beweisverfahren erfordert, welches durch Anklage und Verteidigung besonders eingeleitet werden muss[306].

Nur an ein förmliches Beweisinterlocut, von dessen wesentlicher Bedeutung im Civilprocesse schon früher (Bd. II §. 642 ff.) gesprochen war, ist auch im neueren Strafprocesse nie zu denken; und damit fallen denn auch die Fragen über Beweissaz, Beweislast, und Beweisfrist fast ganz hinweg.

Die ausserordentlichen Formen des Hauptverfahrens, namentlich vor den Geschwornengerichten, dürfen für jezt noch ganz unerörtert bleiben.

B. Die contradictorische Verhandlung.

157. Im gemeinen inquisitorischen Processe gilt es nach geschlossener Untersuchung für genügend, wenn nur in dem vorhin (§. 155) erwähnten Schlussberichte des Inquirenten die Anschuldigungspuncte klar hervorgehoben sind, auch ohne die geeignete Strafe näher zu bezeichnen; im neueren accusatorischen Verfahren dagegen ist auch die amtliche Anklage mit bestimmtem Strafantrage unerläslich. Erst nach dieser Anklage soll eine eigentliche Beweisführung eintreten, um die Anklage rechtfertigen zu können.

306) Die demnach sehr verschiedene Bedeutung der Voracten pflegt unwilkürlich auch auf die Gestalt derselben zurükzuwirken; s. oben §. 115.

Natürlich muss dies auch auf die Verteidigung zurükwirken; dem Defensor muss nun eine unmittelbare Gegenbeweisführung gestattet bleiben, mittels neuer Entlastungsbeweise, namentlich neuer Defensionalzeugen, während er im gemeinen Processe nur etwa den Antrag stellen könte, die Sache zur Vervollständigung der Acten an den Inquirenten zurükzuweisen.

Unter allen Umständen muss dem Inculpaten oder seinem Defensor das lezte Wort gesichert bleiben[307].

C. Die Beweismittel und ihre Benuzung.

1. Formale und uneigentliche Beweise.

158. Rein formale Beweise waren ehemals die Gottesurteile und der Zweikampf; gemischter Art die Eideshelfer und der Reinigungseid des Inculpaten. Sie Alle haben nach und nach dem Princip der materiellen Wahrheit (§. 104) weichen müssen; nur dem Reinigungseide ist hin und wieder noch eine beschränkte Anwendung in ganz geringfügigen Strafsachen geblieben.

Dafür ist aber in dem Wahrspruch der Geschworenen ein ganz neues Beweismittel gemischter Art entstanden; denn für den Richter, den der Wahrspruch bindet, auch ohne ihn zu überzeugen, kan derselbe als materielles Beweismittel nur in sofern gelten, als den Geschworenen vorher alle Mittel gewährt werden konten, um den wahren Sachverhalt sicher und richtig zu erkennen. Auch der Unterschied zwischen eigentlichen Beweismitteln und den uneigentlichen, die keiner Production von Seiten eines Beweisführers bedürfen (Offenkundigkeit, Augenschein, Expertise, s. II §. 646), hat im Strafprocesse keine Bedeutung.

---

307) Code d'instr. cr. 153. 190. 335. 363. Meklenb. Schwerinsche Verordnung v. 1. Jan. 1856 §. 32 num. 5.

2. Directe materielle Beweismittel.

159. Als directes Beweismittel kan nach der Peinlichen Gerichtsordnung (art. 67. 69) eigentlich nur die übereinstimmende Aussage von wenigstens zwei unverwerflichen Zeugen genügen; denn selbst das gerichtliche Geständnis des Inculpaten ist zu seiner Verurteilung nur geeignet, wenn es durch anderweitige erwiesene Thatsachen unterstüzt wird [308].

Ganz unverwerfliche Zeugen sind aber nur die gehörig vereideten, welche den strafbaren Vorgang genau wahrgenommen und im Gedächtnis behalten haben, ohne doch dabei selber beteiligt zu sein, oder auch zu dem Inculpaten in irgend einem Verhältnisse zu stehen, welches ihre Aussage zu einer befangenen machen könte. Es bedarf keiner weiteren Ausführung, wie selten solche Zeugen zu finden sind (§. 101).

160. Dabei trit für die öffentliche Verhandlung noch die besonders bedenkliche Frage von der abermaligen Vereidung derjenigen Zeugen ein, die schon in der Voruntersuchung (§. 143) vereidet worden waren. Das preussische Recht will sich mit dieser früheren Vereidung begnügen [309]; das rheinische verlangt einen zweiten Eid, muss aber eben deshalb den ersten fast ganz ignoriren. Denn geschähe dies nicht, so könte der Zeuge sich durch die Furcht vor der Meineidstrafe abhalten lassen, seine erste Aussage gewissenhaft zu ändern. Darum darf im Hauptverfahren das Zeugenprotokoll der Voruntersuchung nur benuzt werden, entweder um die Wahrhaftigkeit der späteren Aussage zu prüfen, oder eine unmöglich gewordene abermalige Zeugenvernehmung zu ersezen [310].

---

308) vgl. auch Oesterr. Str PrO. §. 264 ..68.

309) Verordnung v. 3. Jan. 1849 §. 45. 55.

310) Den rheinischen Geschworenen wird, wenn die Zeugen anwesend sind, das frühere Vernehmungsprotokoll ganz vorenthalten.

3. Der indirecte oder Indicienbeweis.

a. Uebersicht.

161. Wir verstehen unter Indicien solche Thatsachen, von welchen auf die Richtigkeit anderer Thatsachen, insbesondere auf die Schuld oder Nichtschuld des Inculpaten, geschlossen werden darf. Bewuste Schlussfolgerungen bilden das Wesen des Indicienbeweises; und je mehr die Kette dieser Schlüsse sich verlängert, um so mehr muss das Indicium aus dem nahen und nächsten zu einem entfernten werden (vgl. Bd. II §. 649).

Freilich muss auch bei dem vollständigen Geständnis und bei der erschöpfendsten Zeugenaussage unsere Ueberzeugung der Wahrheit der bezeugten Thatsache immer noch durch eine Schlussfolgerung vermittelt werden; aber diese logische Operation ist hier so einfach, dass sie schon unbewust vollzogen wird.

Der grofse Umfang des Indicienbeweises läst sich aber sehr leicht aus dem schon mehrfach (§. 101. 159) berührten Umstande ermessen, dass das Verbrechen nicht vor Zeugen, am wenigsten vor unparteiischen Zeugen verübt zu werden pflegt. Nicht blos die eines directen Zeugnisses ganz entbehrenden Vorgänge fallen also in den Kreis des Indicienbeweises, sondern auch die unvollkommen bezeugten; und es war ein sehr verfehlter Ausdruk, wenn man für solche ungenügende directe Anschuldigungen, wie z. B. die Aussage eines Zeugen, das unbeeidigte Zeugnis und das aussergerichtliche Geständnis, den Namen der uneigentlichen Indicien erfunden hat. Denn der Unterschied derselben von den s. g. eigentlichen Indicien besteht nur darin, dass bei jenen nicht das unvollkommen bezeugte Ereignis, sondern die Existenz des unvollkommenen Zeugnisses an sich, als die feststehende Thatsache zu behandeln ist, auf welche die weiteren Schlussfolgerungen gebauet werden müssen (§. 168).

Auch die Gutachten der Sachverständigen (Bd. II §. 675), und die Urkunden gehören zu den Indicien, wenn die lezteren nicht etwa den Thatbestand des Verbrechens selbst oder ein vollgültiges, gerichtlich protokollirtes Geständnis enthalten.

162. Um so unverständiger erscheint der leidenschaftliche Federkrieg, den wir vor einigen Jahren gegen die Rechtmäfsigkeit des schlechthin unentbehrlichen Indicienbeweises überhaupt erlebt haben, während doch nur der Misbrauch desselben zu bekämpfen war; ja diese Verblendung ward zur augenscheinlichen Inconsequenz, als dieselben Gegner des Indicienbeweises sich plözlich beruhigt fanden, nachdem die neuesten Strafprocessordnungen ihn nicht etwa mehr eingeschränkt, sondern vielmehr aller Schranken entbunden hatten. Damit hat es folgende nähere Bewandnis.

163. Die Peinliche Gerichtsordnung hatte im Art. 22 dem Misbrauch des Indicienbeweises dadurch vorbeugen wollen, dass sie die peinlichen Strafen (Lebens-, Leibes- und Ehrenstrafen) auf Grund blofser Indicien nicht unmittelbar, sondern nur nach vorgängiger Anwendung der Folter gestattete. Dass diese Vorschrift auf leichtere, dem Uebel der Tortur gar nicht vergleichbare Strafen keine Anwendung finden könne, das muste Jedem einleuchten; dennoch glaubte man auch bei diesen durch Anwendung analoger Zwangsmittel (§. 154) erst ein Geständnis erpressen zu müssen. Sodann ward aber auch die Unanwendbarkeit des Art. 22 auf den Beweis des blofsen Dolus, der strafbaren Absicht des überführten Thäters, von Manchen übersehen, obwohl sie nicht blos in der Natur der Sache lag, sondern auch noch in einem späteren Reichsgeseze deutlich genug anerkant worden war[311]; wie denn auch schon das römische Recht

311) Reichsabschied von 1594 §. 69, Absaz; »Demnach auch«.

noch ganz besonders auf die Unentbehrlichkeit der Indicien in diesem Falle hingewiesen hatte[312].

Der Hauptirtum aber betraf die Bedeutung, welche dem gedachten Art. 22 noch verbleiben konte, nachdem die Tortur durch Geseze und derogirende Gewohnheiten allgemein beseitiget war. Denn anstatt denselben nun als ganz unanwendbar zu betrachten, mithin zu den älteren gemeinrechtlichen Grundsäzen des Indicienbeweises zurükzukehren, glaubte man ihn noch zur Hälfte aufrecht halten zu dürfen, indem man nun gar keine Verurteilung auf Indicien hin mehr gestatten wolte.

164. Dass die Praxis sich diesen Grundsäzen nicht hätte unterwerfen können, ohne die grofse Mehrzahl aller Strafprocesse ganz fallen zu lassen, ist leicht zu ermessen; sie half sich aber durch das Surrogat der ausserordentlichen Strafen, die man unter den Gesichtspunct einer Contumacialstrafe zu bringen suchte. „Der schwer Verdächtige“, so dachte man, „der die richterliche Zumutung zu gestehen zurükweiset, ist ungehorsam; der processualische Ungehorsam aber darf zwar nicht mit der vollen Strafe belegt werden, die den Ueberführten getroffen hätte, wohl aber mit einer ihr nahe kommenden.“ So hatte man immerhin die Beruhigung, dass es in diesen wie in den eigentlichen Contumacialfällen doch zu den allerhärtesten Strafen, namentlich zur Todesstrafe, nicht kommen könne[313]; in diesem Sinne hatte auch schon die

---

s. jezt auch die Oesterreichische Strafprocessordnung von 1853 §. 268. 284.

312) fr. 1. §. 2 de Doli exceptione (Dig. 44, 4): »an dolo quid factum sit, ex facto intelligitur.« — const. 6 Cod. de Dolo malo (2, 21): »dolum ex perspicuis indiciis probari conuenit.«

313) Vlpianus, fr. 5 pr. de Poenis (48, 10): »melius statuetur, in absentes pecuniarias quidem poenas, uel eas quae existimationem contingunt, si saepius admoniti per contumaciam desint, statui posse, et usque ad relegationem pro-

bayerische Criminalordnung von 1751 die Anwendbarkeit der ausserordentlichen Strafen gegen Nicht-geständige anerkant[314]. Weiter ging die preussische Criminalordnung von 1805 (405...408. 412), indem sie die ausserordentliche Strafe auch schon als blos provisorische Maasregel, wegen hoher Wahrscheinlichkeit eintreten lies; und in der Vieldeutigkeit dieses Ausdruks lag eine zwar nicht gewolte, aber doch sehr gefährliche Versuchung zu übereilten Verurteilungen.

165. Die einzige Bürgschaft gegen solche Uebereilungen war eine verständige Theorie des Indicienbeweises, deren Grundzüge von der Rechtswissenschaft zu entlehnen waren; denn sie bildete den wesentlichsten Bestandteil aller Beweistheorie überhaupt. Auch hatten schon die römischen Juristen sich dieser Aufgabe nicht entzogen, ohne jedoch zu einer vollständigen Lösung derselben gelangt zu sein; und wie wenig unsere späteren Beweistheorien im Strafrechte diesen römischen Vorbildern allein ihr Dasein verdanken, das beweiset schon die ganz selbständige usuelle Ausbildung jenes law of evidence, welches die Engländer sogar für ihre Geschwornen als bindend ansehen[315].

---

cedi: uerum si quid grauius irrogandum fuisset, puta in metallo, uel capitis poenam, non esse absentibus irrogandam.«

314) Codex iuris bauarici criminalis Th. II cap. 5 §. 18. 21. — Das österreichische Strafgesez von 1803 Th. I §. 430 hatte die zwanzigjährige Kerkerstrafe für die höchste Strafe erklärt, die ohne Geständnis oder hinreichende beschworene Zeugnisse verhängt werden dürfe; die neue Strafprocessordnung §. 284 erlaubt nach Umständen auch lebenslange schwere Kerkerstrafe.

315) vgl. W. M. Best Grundzüge des englischen Beweisrechts, deutsch herausgegeben von Marquardsen. 851. — Biener Geschwornengericht Th. II §. 54.

In Deutschland glaubte auch die Gesezgebung dieser Indicientheorie nachhelfen zu müssen; schon die Peinliche Gerichtsordnung von 1532 hatte damit, halb belehrend, halb gebietend, den Anfang gemacht[316], wobei sie die einzelne „Anzeygung" auch als „Argkwon" bezeichnete. Diesem Vorbilde hat sich in den späteren Criminalordnungen seit dem Jahre 1803 ein ziemlich detaillirtes gesezliches Beweisrecht angeschlossen[317], dessen Mannichfaltigkeit freilich nicht verkennen lies, dass man das Stadium des Experimentirens noch nicht überschritten habe.

166. Gemeinsam blieb aber allen diesen Theorien die Absicht, nicht die Verurteilung auf Indicien zu erleichtern, sondern sie zu erschweren; mit anderen Worten: nicht die innere Ueberzeugung des Richters entbehrlich zu machen, sondern die Gefahren einer übereilten richterlichen Ueberzeugung von dem Inculpaten abzuwenden.

Dennoch war es vor Allem dieses mangelhafte gesezliche Indicienrecht, welches man leidenschaftlich bekämpfte; seit 1845 und besonders seit 1848 ist es fast überall unter grofsem Applaus gefallen, nur in Oesterreich hat die neueste Criminalordnung es wieder in's Leben gerufen, und in Meklenburg-Schwerin ist es von Neuem bestätigt worden[318]. Wir haben gegen jenen Rükzug der Gesezgebung wenig einzuwenden, so lange die Rechtswissenschaft der Aufgabe eingedenk bleibt, die Indicien-

316) PGO. art. 18...44.

317) Eine Uebersicht dieser Geseze giebt Bauer Theorie des Anzeigenbeweises. 843. S. 229. 230. Dazu Schleswig-Holst. Ges. v. 27. März 1843. Württemb. Str.P.O. §. 327...337.

318) Oesterr. Str.PO. v. 1853 §. 134...144. 278...282. Meklenburg. Verordnung v. 25. Jan. 1855, betr. den Beweis durch Anzeigen im Crim.Proc. (fehlt bei Sundelin), und Gesez v. 3. Febr. 1856 §. 36.

theorie zu pflegen und zu erweitern; denn der Jurist kan ihrer nicht entbehren, während dem Geschworenen auch die gesezlichen Anweisungen wenig nüzen würden.

b. Arten der Indicien.

167. Man unterscheidet, wie schon bemerkt worden (§. 161), die uneigentlichen Indicien von den eigentlichen, die entfernten von den näheren. Ein entfernteres nennt man mitunter indicium indicii, freilich ohne recht zutreffenden Grund. — Andere Einteilungen sind die in Indicien und Gegenindicien, in allgemeine und besondere, in vorausgehende, nachfolgende und gleichzeitige Indicien.

Das Gegenindicium wird in der Regel ein Unschuldsindicium sein; denn eines Gegenbeweises kan es erst bedürfen, wenn bereits eine positive Anschuldigung vorliegt. Das wirksamste Gegenindicium liegt aber in dem Beweise des Alibi, d. h. der Anwesenheit des Angeschuldigten an einem anderen Orte als an dem der That, zu eben der Zeit wo diese begangen wurde.

168. Unter allgemeinen Indicien versteht man solche, die bei jedem Verbrechen vorkommen können; unter besonderen diejenigen, die nur auf ein bestimmtes Verbrechen schliessen lassen. So unterscheidet schon die Peinliche Gerichtsordnung; doch darf man nicht übersehen, dass auch das allgemeine Indicium erst dann recht erheblich wird, wenn es eine besondere Beziehung zu dem eben in Frage stehenden Vergehen hat; wie denn auch das besondere Indicium an seiner Bedeutung verliert, wenn es etwa nur auf die Gattung, nicht grade auf die Species des in Frage stehenden Verbrechens hinweiset. So z. B. wird die Persönlichkeit des Inculpaten, wenn man „sich der Missethat zu ihm versehen

mag", als allgemeines Indicium behandelt[319]; aber sein Gewicht ist natürlich ein ganz anderes, wenn grade zu der in Frage stehenden Missethat eine bestimmte Neigung, Uebung oder Versuchung bei dem Inculpaten nachgewiesen wird, als wenn ihm nur überhaupt ein schlechter Character oder Lebenswandel zur Last fält. Ein ungerechtfertigter plözlicher Aufwand kan auch gegen den des Diebstahls Bezüchtigten zum besonderen Indicium werden; aber da es nur ein Gattungsindicium für alle Arten ungerechter Bereicherung bildet, so ist sein Gewicht bei Weitem schwächer, als etwa das des Besizes der gestohlenen Sache.

169. Zwischen die vorausgehenden Indicien, welche als Ursache oder Veranlassung der Uebelthat erscheinen, und die nachfolgenden hat man als dritte Classe noch die gleichzeitigen oder begleitenden einschieben wollen. Thatsachen, die vor und nach dem Verbrechen gleichmäfsig fortdauerten (z. B. der fortwährende Besiz des Werkzeugs der Verübung), werden zwar vermutlich auch in dem Augenblicke seiner Begehung bestanden haben; solche Indicien aber, die nur als gleichzeitige, im strengen Sinne des Wortes, gelten könten, werden sich nur in sehr seltenen Fällen finden. Es war also ein entschiedener Misgrif, wenn einige Criminalordnungen, wie z. B. die bayerische von 1813[320], für jeden Indicienbeweis ein Zusammentreffen von vorausgehenden, nachfolgenden und gleichzeitigen Indicien gefordert haben.

---

319) PGO. art. 25. Absaz: »Erstlich«.

320) Art. 328. Num. 1: »wenn mehrere mit dem vorliegenden Verbrechen in bestimmtem Zusammenhange stehende gleichzeitige und mit vorausgehenden und nachfolgenden Anzeigungen verbundene Indicien, welche einzeln vollständig erwiesen sind, in der angezeigten Person zusammentreffen.«

Unter den nachfolgenden Anzeigen, die für die Wirkung der Uebelthat zu halten sind, — den häufigsten von Allen — sind die wichtigsten die zurükgebliebenen Spuren der That, das Bemühen des Inculpaten, diese Spuren zu verwischen, und sich der Untersuchung zu entziehen, endlich aber auch die unvollständigen directen Anschuldigungen, die wir bereits (§. 161) als s. g. uneigentliche Indicien besprochen haben.

c. Erfordernisse des Indicienbeweises.

170. Um aus den einzelnen Indicien einen Indicienbeweis herzustellen, werden überall drei Hauptrequisite aufgestellt:

1) das Indicium muss an sich völlig feststehen,
2) es muss eine Mehrheit von Indicien in demselben Puncte zusammentreffen, und
3) es dürfen den Schlussfolgerungen keine erhebliche Gegenindicien entgegenstehen.

Jedes dieser Requisite ist aber auch schon durch Misverständnisse entstellt worden.

So hat man aus dem ersten Erfordernis wohl die Unmöglichkeit ableiten wollen, ein weit verbreitetes Gerücht, oder die Aussage eines Kindes noch als Indicium zu benuzen, während doch die Thatsache, dass ein bestimmtes Gerücht existirt, oder dass das Kind einen Hergang glaubhaft erzählt hat, vollkommen feststehen wird. Ein solches Indicium ist also nur entfernter als die völlig beglaubten Angaben Anderer; ganz unbrauchbar wird es dadurch nicht.

Ferner ist bei dem zweiten Erfordernis oft eine genau bestimmte Zahl von Indicien — zwei, drei, vier, in Bayern vielleicht gar sechs (Note 320) — gesezlich gefordert werden, während es doch im Allgemeinen wohl bei dem Verbot, auf ein einziges Indicium hin zu verurteilen, hätte bewenden können. Denn will man nicht —

was oft genug geschehen ist, um die gesezliche Zahl voll zu machen — aus jedem Nebenumstande sofort ein neues Indicium construiren, so dürfen mitunter auch schon zwei allernächste Indicien genügen, während jede längere Kette von Schlussfolgerungen nur dann eine sichere richterliche Ueberzeugung begründen würde, wenn von den verschiedensten Seiten her eine gröfsere Anzahl selbständiger Indicien genau in demselben Puncte zusammenträfe.

Endlich würde auch das dritte Erfordernis seine richtige Bedeutung verlieren, wenn man daraus die Unzulässigkeit der Ueberführung durch Indicien folgern wolte, so lange nicht die absolute Unmöglichkeit eines anderen Zusammenhanges erwiesen wäre. Es muss genügen, wenn jeder andere Zusammenhang nach dem gewöhnlichen Laufe der Dinge unmöglich erscheint, so dass seine Möglichkeit an die Voraussezung ganz abnormer, der menschlichen Berechnung sich entziehender Umstände gebunden bliebe.

171. Eine sehr wesentliche Beschränkung des Indicienbeweises haben die meisten Geseze noch dadurch aufgestellt, dass sie für den objectiven Thatbestand des Verbrechens (§. 17) andere Beweise fordern, als für die subjective Ueberführung des Thäters: „die That soll mit allen Umständen, welche ihre Strafbarkeit begründen, rechtlich erwiesen sein“ [321]. Dawider läst sich auch nichts einwenden, wenn man nur nicht vergist, dass die für die That meistens ganz ausreichenden Beweismittel: Augenschein und Befund der Sachverständigen, doch dem Inculpaten gegenüber nur als gewöhnliche Indicien gelten dürfen. Wir nehmen die Tödtung als erwiesen an, wenn die an der Leiche vorhandenen Wunden von dem Arzt für Spuren äusserer Gewaltthaten erklärt werden; dass es aber die Waffe des Inculpaten war, die den

321) So noch die österreich. StrPO. von 1853 §. 279. Num 1.

Tod herbeigeführt hat, das können wir meist auch nur aus demselben ärztlichen Gutachten folgern; und die Frage, ob es Mord, ob blofser Todschlag gewesen, wird fast immer nach ganz anderen Indicien zu beantworten sein.

D. Das Endurteil.

1. Inhalt desselben. Die limitirte Freisprechung.

172. Wird der Zwek des Strafprocesses vollständig erreicht, so muss er entweder mit einer Verurteilung oder mit einer Freisprechung enden.

Ueber den Inhalt des verurteilenden Erkentnisses ist nur zu erwähnen, dass die neueren Geseze nicht blos die bestimmte Bezeichnung der strafbaren That, sondern auch die ausdrükliche Anführung der angewendeten Strafgeseze fordern. Die Strafe selbst muss genau bestimmt sein[322]; Processkosten und Entschädigungssummen sind wenigstens der näheren Feststellung ausdrüklich vorzubehalten[323].

173. Nicht so einfach steht es mit dem freisprechenden Erkentnis: wir begegnen hier gewissen Mittelgliedern, denn nur zu oft endet die Verhandlung mit schweren Verdachtsgründen, die sich weder entkräften noch zu vollen Beweisen der Schuld erheben lassen. So lange nun das Verfahren dem reinen Anklageprincip entsprach, bedurfte es überall keiner Schuldloserklärung: der Ankläger ward einfach abgewiesen, ohne dass damit die Möglichkeit, künftig einen anderen Ankläger mit einer besser begründeten Anklage zuzulassen, unbedingt ausgeschlossen

322) Die in der Peinl. GO. 190...203 dafür aufgestellten Formulare sind längst als unbrauchbar verlassen worden.

323) Code d'instr. cr. 161...163. 191..95. 365...68. Oesterr. Str.PO. §. 283. — oben §. 118.

ward [324]. So wie aber das inquisitorische Princip zur Herrschaft gelangte, muste, wenn die Untersuchung bereits abgeschlossen, also eine blofse Einstellung derselben nicht mehr möglich war, das Bedürfnis eines ausdrüklichen Vorbehalts der künftigen Wiederaufnahme der Verhandlung fühlbar werden [325]; und dieser ist in Gestalt einer blos provisorischen Freisprechung — absolutio ab instantia [326] — von Italien auf Deutschland übertragen worden.

Dass diese Formel auch dann gewählt wurde, wenn es an jeder Aussicht auf künftige bessere Aufklärungen gebrach, das hatte seinen natürlichen Grund im Interesse der materiellen Wahrheit; denn es widerspricht schon dem sittlichen Gefühl, den schwer Verdächtigen in derselben Weise freizusprechen, wie den erwiesen Unschuldigen. So unterscheiden auch die schottischen Geschworenen zwischen dem „not proven“ und dem „not guilty“, obwohl die unmittelbaren rechtlichen Folgen bei beiden Wahrsprüchen dieselben sind [327].

174. Dennoch hat dieses Institut neuerdings in Deutschland die heftigsten Gegner gefunden, weil man

324) Vlpian. fr. 7 §. 2 de Accusationibus (Dig. 48, 2).

325) Nur wenige Criminalisten, wie namentlich Carpzov, wolten auch gegen den gänzlich Freigesprochenen die Wiederaufnahme der reinen Thatfrage immer für unbedenklich halten; s. Elben die Entbindung von der Instanz. 846. S. 32. 52. 53. vgl. unten Note 337.

326) In Mailand nante man sie früher: »absolutio stantibus rebus prout stant.« - Dagegen war die altrömische ampliatio nur ein Aufschub des Urteils auf wenige Tage; die von Justinian eingeführte relaxatio ab obseruatione iudicii aber war eine Art von Strafprocessverjährung.

327) Auch in England hat diese Unterscheidung ihre Verteidiger gefunden. Biener Geschwornengericht II S. 262. 263. Marquardsen im Jagemanns Gerichtsaal 1851. Juli No. 1.

sich mit jenem einfachen Vorbehalt nicht begnügt, sondern sofort sehr empfindliche Rechtsnachteile mit der Freisprechung von der Instanz verknüpft hatte. Schon der Vorbehalt an sich wird unleidlich, wenn er nicht auf die Fälle schweren Verdachts [328], oder auf bestimmte Fristen [329] beschränkt wird, oder wenigstens auf Antrag des Gravirten in eine definitive Freisprechung verwandelt werden kan [330]; man ging aber häufig vielmehr in entgegengesezter Richtung so weit, dem provisorisch Freigesprochenen auch noch alle Kosten des Processes aufzubürden, oder ihn mit politischen Unfähigkeiten [331], mit Bescholtenheit, Cautionsleistungen [332] u. dgl. zu belasten.

175. Unsere neuesten Gesezgebungen haben unter dem Drange der hieraus erwachsenen Verstimmungen meistens das Institut der absolutio ab instantia völlig Preis gegeben [333]; diejenigen aber, die dasselbe wenigstens im Interesse der materiellen Wahrheit festhalten [334], haben zugleich auch für die rein absolutorischen Urteile noch verschiedene Fassungen vorgeschrieben. Denn in

---

328) So nach der Württemb. StrPO. von 1843 art. 356.

329) Nach dem bayer. StrafGB. II art. 392 solte er nach zwei oder fünf Jahren wirkungslos werden.

330) Aehnliches bestimmt die österreich. StrPO. art. 289.

331) Man erzählt von einem Manne, dem die ständische Wählbarkeit für immer entzogen sein solte, weil er von der Anschuldigung einer mit 18 Kreuzern versuchten Wahlbestechung nur ab instantia absolvirt war!

332) So schon die PGO. art. 195, sogar unter einsweiliger Fortdauer der Untersuchungshaft!

333) So in Frankreich (art. 345), in Preussen (3. Jan. 1849 §. 22 a. e.), Hannover (§. 149), Baden (§. 244), wo die Formel: »Freisprechung von der Anklage« für alle nicht condemnatorische Urteile vorgeschrieben ist. vgl. überhaupt Planck Darstellung des deutschen Strafverfahrens S. 135 ff.

334) namentlich Oesterreich §. 287. Sachsen art. 302.

der That können auch bei vollständig geführtem Beweise dennoch drei ganz verschiedene Gründe der Freisprechung eintreten : 1) erwiesene Nichtthäterschaft, 2) erwiesener Mangel der Imputabilität, und 3) formelle Unstatthaftigkeit der Strafverfolgung, z. B. wegen eingetretener Verjährung [335]. So wünschenswerth es aber auch bleibt, dass für diese drei Fälle immer drei verschiedene Ausdrücke gewählt würden, so fehlt es doch den bisher dafür erfundenen Formeln gar sehr an der nötigen Klarheit und Geläufigkeit [336].

176. Die Möglichkeit einer Wiederaufnahme der Strafverfolgung nach erfolgter limitirter Freisprechung ist nur in Oesterreich (§. 365...376) und in Sachsen (art. 386) ausdrüklich bestätigt worden; aber auch die vollständige Freisprechung soll nach diesen und einigen anderen [337] Criminalordnungen nicht unbedingt gegen ein

---

335) Blofse Incompetenzerklärungen dürfen natürlich gar nicht freisprechend lauten.

336) Die französische Jurisprudenz unterscheidet zwischen absolution und acquittement, die hessische zwischen Freisprechung und Lossprechung, die sächsische StrafPO. 302 .. 304 zwischen Straffreisprechung und Klagfreisprechung, so dass bei der lezteren auch noch der Zusaz: »aus Mangel an vollständigem Beweise« möglich bleiben soll; die österreichische endlich (§. 287...289) unterscheidet 1) Lossprechung und Schuldlos-Erkennung, 2) Freisprechung von der Anklage wegen Unzulänglichkeit der Beweismittel, 3) den Ablassungsbeschluss ohne Urtelsfällung. Noch weiter ging das badische Edict vom J. 1803, welches im §. 18 den Inculpaten entweder 1) für schuldlos, oder 2) für straflos, oder 3) für klagfrei, oder 4) für klagfrei und verdachtlos erklärt wissen wolte.

337) So Oesterreich 366. 367. Sachsen 386. Hessen-Frankfurt art. 363 a. e. Lübek §. 265. — Dass bei blofser Einstellung des Verfahrens ohne Urtel das Recht der Wiederaufnahme immer offen bleibt, versteht sich von selbst. vgl. oben Note 325.

neues Verfahren schüzen, teils bei gefälschten Unschuldbeweisen, teils wegen eines späteren Geständnisses des Inculpaten. Solche gesezliche Bestimmungen sind jedenfalls minder bedenklich, als die neueste Doctrin des Pariser Cassationshofs, wonach die Vorschrift der französischen Criminalordnung art. 360: „toute personne acquittée légalement ne pourra plus être reprise ni accusée à raison du même fait", den Richter nicht hindern soll, aus dem früher beurteilten Factum ein anderes Factum zu machen, wenn er es durch Subsumtion unter ein anderes Strafgesez als eine andere Uebelthat qualificirt!

2. Verkündung, Insinuation des Strafurteils.

177. Wie im Civilprocesse, so hat unser gemeines Recht auch im Strafprocesse die öffentliche Verkündung des Urteils meist durch eine blofse Insinuation an den Inculpaten ersezt, ja die eigentliche Publication ward wohl gar als besondere Strafschärfung behandelt. Auch die Peinliche Gerichtsordnung, welche den s. g. endlichen Rechtstag zur öffentlichen Verkündung des Urteils durchweg beibehalten wolte (art. 94), hat doch bei dem Todesurteil zugleich eine vorgängige Insinuation desselben vorgeschrieben (das s. g. Lebensabsagen), damit dem armen Sünder drei Tage zur Vorbereitung auf seinen Tod verbleiben.

178. Es ist begreiflich, dass diese Richtung allmählig noch zu weiteren Beschränkungen verleitete. In allen nur einigermafsen erheblichen Fällen musten nicht blos die Patrimonialgerichte, sondern in Preussen und Hannover auch die höheren Strafgerichte sich sogar der Insinuation ihrer Straferkentnisse enthalten, bis sie von der vorgesezten Ministerialbehörde genehmigt waren (Note 205); und die vollständige Mitteilung der Urtelsgründe konte auch in Oesterreich dem Inculpaten ganz versagt

werden, wenn er nicht das Rechtsmittel des Recurses ergreifen wolte [338].

Jezt aber ist die allgemeine Regel vielmehr die, dass die sofortige Verkündung des durch Geseze motivirten Strafurteils in öffentlicher Sizung, selbst nach einer nicht öffentlichen Verhandlung, unerläslich sei [339]; und nur eine weitere amtliche Verbreitung desselben würde immer noch besonderer Gründe bedürfen (§. 222).

III. Die besonderen Arten des Strafverfahrens.

A. Uebersicht.

179. Von besonderen Abarten des Strafprocesses kan natürlich nur in sofern die Rede sein, als ihnen ein bestimmtes Normalverfahren gegenübersteht.

Diesen festen Punct, von welchem wir ausgehen müssen, finden wir aber am natürlichsten in der Behandlungsweise derjenigen Uebelthaten, welche den mittleren Grad von Strafbarkeit erreichen, die sich also weder durch ihre Geringfügigkeit zu einer freieren Behandlung eignen, noch durch ihre besondere Schwere einen ausserordentlichen Aufwand von processualischen Formen erfordern. Es sind dies, nach der Terminologie der neueren Strafgeseze, die Vergehen; denn nur auf die Uebertretungen kan das polizeigerichtliche, und nur auf die Verbrechen in der Regel das schwurgerichtliche Verfahren angewendet werden.

Aber auch bei den Vergehen läst sich von einer besonderen Abart des Strafverfahrens reden, in so weit die-

338) Oesterr. Strafgesezbuch v. 1803 Th. I §. 464. vgl. Preuss. Crim.O. §. 515. 534. 535.

339) Oesterr. StrafPO. v. 1853 §. 291. 292. — Preuss. Verordng v. 3. Jan. 1849 §. 22. 150. Gesez v. 3. Mai 1852 art. 41. 49. 50. Code d'instr. crim. art. 153 161...63. 191...95. 369 370. — vgl. oben §. 105. und Bd. II §. 621.

selben etwa ihrer Gattung nach von den übrigen abgesondert werden, also namentlich bei den Zoll- und Pressvergehen, oder bei den Staatsverbrechen. Die nähere Erörterung dieser durchaus particularrechtlichen Fälle würde aber die Grenze dieses Buches überschreiten.

Endlich muss jedes strafgerichtliche Verfahren einem abwesenden Inculpaten gegenüber eine besondere Gestalt annehmen: hieran knüpfen sich die sehr wesentlichen Eigentümlichkeiten des Contumacialverfahrens.

B. Das polizeigerichtliche Strafverfahren.

180. Die Eigentümlichkeiten des polizeigerichtlichen oder Uebertretungsverfahrens beruhen im Allgemeinen auf dem summarischen Character desselben: Voruntersuchung, Hauptverfahren und Urtelsprechung sollen wo möglich in eine Verhandlung zusammen fallen, die Entscheidung ist dem Einzelrichter (Polizeirichter, Bezirksrichter) unter Mitwirkung des Gerichtschreibers überlassen [340], der Inculpat braucht nicht persönlich zu erscheinen. In Preussen kan auch eine blofse Strafverfügung, ohne Anhörung des Inculpaten erfolgen [341], während in Oesterreich die regelmäfsige Mitwirkung des Staatsanwalts ganz hinwegfält [342]. Auch die ordentlichen Rechtsmittel sind bald ganz ausgeschlossen, bald wenigstens sehr beschränkt [343].

---

340) Code d'instr. crim. 137...178. Preuss. Verordnung v. 3. Jan. 1849 §. 27...37. 161..170. Zusazgesez v. 3. Mai 1852 art. 120...129.

341) Zusazgesez art. 122...127, und Gesez v. 14. Mai 1852. Die Verordnung v. 3. Jan. hatte sogar die Form des Mandatsprocesses (Bd. II §. 738) bei Polizeivergehen gestattet; dies hat aber das Zusazgesez art. 147 wieder aufgehoben.

342) Oesterr. Strafprocessordnung v. 1853 §. 416...436.

343) Code d'instr. crim. 172. 421. Preuss. Verordng v. 3. Jan. §. 165...170. Zusazgesez art. 101. Gesez v. 14. Mai §. 5...7.

C. Das Verfahren der Schwurgerichte.

1. Historische Einleitung.

F. A. Biener, das englische Geschwornengericht. 852. 2 Bde. Ed. Brauer, die deutschen Schwurgeseze in ihren Hauptbestimmungen übersichtlich zusammengestellt. 856.

181. Wenn wir unser gemeines Recht für einen lebendigen, wachsenden und sich weiter entwickelnden Organismus halten, so dürfen wir jezt auch das Geschwornengericht, da es fast in alle deutsche Länder eingedrungen ist, und sich in den meisten derselben behauptet hat, als einen Theil dieses gemeinen Rechtes gelten lassen. Nur freilich ist dieser jüngste Bestandteil nicht, wie die übrigen ausserdeutschen Elemente desselben, römischen oder romanischen, sondern englischen Ursprungs; in England reichen die sicheren Anfänge des Geschwornengerichtes bis in den Anfang des dreizehnten Jahrhunderts.

Aber England bedient sich der Jury auch in Civilsachen; und in den schwereren Criminalsachen, die vor die Geschwornen gebracht werden, hat es eine doppelte Jury. Die grofse, aus 23 (früher 24) Mitgliedern bestehende Jury soll nur bezeugen, dass hinreichender Grund zur Anklage da sei; die kleine Jury von 12 Personen soll in ihrem Verdict[344] die eigene Ueberzeugung von dem „schuldig“ (guilty) oder „nicht schuldig“ (not guilty) aussprechen. In Schottland giebt es keine grofse Jury, auch in England wird ihre Zwekmäfsigkeit jezt vielfach bestritten.

182. Als die Revolution im J. 1791 das englische Institut in den französischen Strafprocess verpflanzte,

---

344) Veredictum: Wahrspruch, nicht iudicium. Auch die grofse Jury erklärt sich durch ein Verdict, welches aber nur die Billigung oder Verwerfung einer Anklageschrift (ein indictment) enthält.

war man bereits gewohnt, dasselbe mit Montesquieu und Blackstone als eine wesentliche Bürgschaft der individuellen und nationalen Freiheit zu betrachten[345]. Das politische Princip der Jury war unbestritten; so nahm man sie im Grofsen und Ganzen, denn für die specielleren juristischen Fragen fehlte es an practischen Erfahrungen. Doch wurde aus der englischen grofsen Jury eine Anklagejury von nur acht Personen gemacht.

Eben jener politische Character des Instituts war aber der späteren napoleonischen Zeit nicht entsprechend; und da nach eilf Jahren auch auf dem Gebiete der juristischen Erfahrung manches gewichtige ungünstige Zeugnis laut wurde, so schien die neue Schöpfung, namentlich 1804 und 1808, sehr ernstlich gefährdet. Sie ward endlich, in den Gesezen von 1808 und 1810, erhalten als blofse Urtelsjury, und unter mancherlei Beseitigungs-Vorbehalten für ausserordentliche Fälle.

183. In dieser Gestalt hat das Geschwornengericht sich auch auf dem deutschen linken Rheinufer erhalten, so wenig es ihm an Anfechtungen einerseits, wie an Ueberschäzungen andererseits gefehlt hat. Seine Erhaltung in Rheinpreussen verdankte es hauptsächlich einem oft gerühmten und benuzten Gutachten der königlichen Immediatjustizcommission vom J. 1819.

Das übrige Deutschland dagegen erschien dem nur vorübergehend (1808...1813) hin und wieder gekanten Geschwornengerichte weniger gewogen, bis bei der Rükkehr zu den Grundsäzen der Oeffentlichkeit und Mündlichkeit überhaupt (Bd. II §. 593...595), und bei dem Kampfe gegen den Indicienbeweis (oben §. 166) die Blicke von neuem darauf gerichtet wurden. Die beiden Germanistenversamlungen zu Frankfurt (1846) und Lübek (1847) erweiterten die Sympathien für das Geschwornen-

345) Biener Geschwornengericht §. 27.

gericht in solchem Maſse, dass seine sofortige allgemeine Einführung sich nach den Umwälzungen des Jahres 1848 beinahe von selbst verstand; nur einige kleinere Staaten, namentlich des nördlichen Deutschlands, vermogten nicht sogleich die factischen Hindernisse der wirklichen Einsezung der Geschwornen zu überwinden. Seitdem aber sind dieselben in Oesterreich (1852), im Königreich Sachsen und in Sachsen-Altenburg wieder beseitiget worden.

2. Werth des Geschwornengerichts.

184. Wer sich durch reifliche Erwägung und eigene Erfahrung von den Vorteilen dieses Instituts für die Strafrechtspflege überzeugt hat, der muss vor Allem den Unverstand derjenigen bekämpfen, die als vermeinte Freunde demselben durch thörichte Uebertreibungen oder verwerfliche Tendenzen am meisten geschadet haben. Denn nicht unter allen Bedingungen und in jeder Hinsicht ist das Geschwornengericht ein Gewinn zu nennen: seine Vorteile sind allein durch gehörige Regelung und durch richtige Begrenzung seiner Wirksamkeit bedingt; auch ist es durchaus nicht die gerechte und gründliche Entscheidung des einzelnen Falles, wohl aber die Rechtspflege im Ganzen, die dabei entschieden gewinnen wird.

Denn unverkennbar kan durch das Urteil der Geschworenen der sachkundige, bewährte Richter nicht ersezt, es kan durch ihre Mitwirkung nur das Richteramt erleichtert, die Rechtspflege beschleunigt, und das Zutrauen zu derselben gesteigert werden. Diese Mitwirkung überhebt den Richter der oft sehr schweren Aufgabe, über das Thatsächliche der Anschuldigung ein gereiftes Urteil auszusprechen, und der noch viel schwereren, dieses Urteil so zu motiviren, dass die Gründe der eigenen Ueberzeugung einen objectiven Character annehmen, dass sie für Jedermann überzeugend werden. Und mit dieser Aufgabe fallen auch die Folgen ihres Mislingens, und insbesondere der Nachteil widersprechender richterlicher Entscheidungen über dieselbe Thatfrage, hinweg: Folgen, an die sich nur zu gern ein Mistrauen gegen die Einsichten oder die Unparteilichkeit der Richter heftet. Man muss aus eigener Erfahrung die eine oder die andere Procedur kennen, man muss in beiden mitthätig gewesen sein, um den ungeheuren Zeitabstand ermessen zu können, der namentlich bei dem Indicienbeweise zwischen den ersten Totaleindrücken einer mündlichen Beweisverhandlung, und dem auf das Detail der Acten gestüzten und schriftlich motivirten Urteil, welches kein Gegenindicium und kein Gegenargument unerörtert läst, notwendig eintreten muss. Ein gründlich motivirter Wahrspruch der Geschwornen ist in der Regel eben so undenkbar, als eine regelmäfsige Kritik desselben in höherer Instanz: der blofse Versuch des Einen oder des Anderen, sogar schon die Protokollführung bei den schwurgerichtlichen Beratungen, würde das Institut um alles Ansehen bringen; wen dürfte es denn wundern, dass auch der Richterspruch nicht immer beide Proben zu bestehen vermogte?

185. Es giebt noch einen zweiten Vorteil des Geschwornengerichts, der nicht geringe anzuschlagen ist: die Bürgschaft, die es für die rechte Oeffentlichkeit der Strafrechtspflege gewährt. Ein Publicum, das nur aus Müssigen und Neugierigen besteht, wird die Zwecke der öffentlichen Rechtspflege wenig fördern; ganz anders, wenn auch mitthätige Gemeindeglieder, wie die Anwälte und die Geschworenen, bei der Verhandlung nicht fehlen dürfen.

Auf weitere Vorteile dieser Mitwirkung haben wir nicht zu rechnen. Wer den Geschwornen für besser oder für klüger hält, als den geprüften Richter, der übersieht, dass Beide aus demselben Volke und demselben Staat hervorgehen müssen. Wir leugnen nicht, dass die Geschworenen sehr oft in der ersten Stunde eben so weit kommen, als die Richter nach Wochen und Monden; aber dass sie noch weiter kämen, dass sie öfter und sicherer das Rechte träfen, das ist unmöglich. Die Apologeten endlich, die den Geschwornen über den Richter, ja über den Gesezgeber stellen, die seinen Willen und sein Rechtsbewustsein zu einer eigenen höheren Rechtsquelle erheben, und die „Omnipotenz" des Geschwornen sogar mit Attributionen des Begnadigungsrechtes ausstatten möchten [346], die gleichen sicher den schlimmsten Feinden der ganzen Institution.

3. Grenzen der schwurgerichtlichen Competenz.

a. In Ansehung der Strafsachen.

186. Die schwurgerichtliche Competenz muss auf dreifache Weise begrenzt werden: durch die Natur der Strafsachen, durch die Person des Angeklagten, und in Ansehung des Inhalts der Wahrsprüche.

Die erste Begrenzung rechtfertiget sich vor Allem dadurch, dass die Schwurgerichte nichts weniger als eine wohlfeile Einrichtung sind. Schon die Gerichtscasse wird das empfinden; viel mehr aber noch die eigene Casse der Geschwornen, denen der Zeitverlust und die Störung der Berufsarbeit oft unersezlich werden muss [347]. Auch ist man im Allgemeinen durchaus einverstanden, dass die Schwurgerichte auf die schwerste Gattung der Uebelthaten, auf die Verbrechen (§. 17) zu beschränken seien [348].

---

346) Leue das deutsche Schöffengericht 847. vgl. Biener §. 35. 41.

347) In Frankreich klagte man einmal, dass die Geschwornen schwerer zusammen zu bringen seien, als die Conscribirten!

348) In England ist Felonie der eigentliche Gegenstand der

Zwei Gattungen von Strafsachen aber haben sich dieser Regel nicht immer einfügen lassen: die politischen und die Pressvergehen. In Zeiten democratischer Ueberhebung hat man sich beeilt, beide ohne Rüksicht auf ihre Schwere den Schwurgerichten zuzuweisen; die entgegengesezte Strömung hat wenigstens die politischen Verbrechen auch in den schwersten Fällen diesen Gerichten ganz wieder entzogen. Dies ist namentlich die Geschichte der neuesten preussischen Gesezgebung[349].

b. In Ansehung der Inculpaten.

187. Die Ausnahmen, welche die französische Criminalordnung (art. 553...559) bei Vagabonden, rükfälligen Verbrechern, Aufrührern und bewafneten Schleichhändlern durch Einsezung besonderer Specialgerichtshöfe gemacht hatte, sind nicht mehr in Geltung.

Dagegen hat man bei abwesenden Inculpaten, deren Ausbleiben für eine contumacia erklärt worden ist, die Mitwirkung der Geschwornen, wie in Frankreich, so auch in Deutschland für entbehrlich erklärt[350].

Eine dritte Ausnahme findet sich nur im neuesten preussischen Rechte: es hat die Verbrecher unter sechzehn Jahren den Schwurgerichten ganz entzogen, in

---

schwurgerichtlichen Thätigkeit. Aber dieser Begrif, ursprünglich unserem Landfriedensbruch ziemlich entsprechend, ist allmählig vielfach verkünstelt worden. vgl. Biener §. 39.

349) Verfassung vom 31. Jan. 1850 art. 94. 95, beseitiget durch die Geseze vom 21. Mai 1852 und vom 25. April 1853. Ganz anders in England, wo für Hochverrat und Felonie nicht einmal die Abweichung von der Regel gestattet ist, dass eine s. g. Specialjury aus besonders ausgewählten Geschwornen gebildet werden dürfte.

350) Code d'instr. cr. 470. Preuss. Ges. v. 3. Mai 1852 art. 39.

so weit nicht eine Connexität mit anderen Verbrechern diese schonende Rüksicht unmöglich macht[851].

Endlich sind, nach englischem und preussischem Rechte, auch die geständigen Inculpaten den Geschwornengerichten entzogen, nachdem sie in der Hauptverhandlung ein erschöpfendes Geständnis abgelegt („guilty plädirt") haben[852]. So sehr dies theoretisch zu billigen ist (§. 188), so leicht kan es doch seinen practischen Nuzen wieder durch den Zweifel einbüfsen, ob das Geständnis wirklich ein erschöpfendes sei.

c. Begrenzung des Inhalts des Wahrspruchs.

188. Auch die besonnenen Freunde des Geschworneninstituts haben sich über das innere Maas seiner Wirksamkeit nicht genügend geeinigt; sie haben ihm, durch das Hineinziehen weiterer Aufgaben, zu sehr das Gepräge einer wilkürlichen Schöpfung gegeben. Denn das eigentliche Bedürfnis einer solchen ausserordentlichen Institution liegt für den Criminalprocess doch nur in dem gewöhnlichen Mangel an materiellen Beweisen, an erschöpfenden Zeugenaussagen und vollgültigen Geständnissen (§. 101. 159. 161); diese sind es, die durch die gehörig begründete Ueberzeugung der Geschwornen ersezt werden müssen (§. 158). So wie aber der Zeuge nur die That, und nicht die Schuld wahrgenommen haben kan, und wie selbst das eigene freie Geständnis der Schuld den Richter nicht hindert in der freien Erwägung von Nebenumständen, welche die Strafbarkeit erhöhen,

851) Preuss. Gesez vom 22. Mai 1852 art. IV.

852) Preuss. Gesez vom 3. Mai 1852 art. 75. 76. Auch im Canton Bern ist 1854 derselbe Grundsaz angenommen worden. — Die sehr nahe liegende gleiche Behandlung des notorischen Verbrechers, der handhaften That (§. 128), hat jedoch auch in England Anstand gefunden. Biener Th. I S. 357...360.

sie mindern, ja sie aufheben können; so würde auch der Wahrspruch der Geschwornen, wenn er nur auf „überführt" (convaincu) lautete, die Möglichkeit einer richterlichen Freisprechung von der Strafe nicht unbedingt ausschliessen. Das „schuldig" (coupable) aber macht diese Freisprechung unmöglich, und darum hat man auch nach dieser Seite hin den Umfang des Wahrspruchs sogar noch mehr erweitern müssen. Man hat die Geschwornen zu eigentlichen Richtern auch über solche Fragen gemacht, die der Wahrnehmung des Zeugen, und selbst dem eigenen Geständnisse des Thäters oft sehr fern liegen (§. 195).

189. Dass in dieser Erweiterung der schwurgerichtlichen Functionen, in dem Ueberspringen von der That auf die Schuld, die Hauptquelle gewolter und nicht gewolter Misgriffe der Geschwornen liegt, darüber kan kein Zweifel obwalten. Freilich beruft man sich auf die Unmöglichkeit, Beides zu trennen, und gewiss dürfen die Schwierigkeiten einer solchen Trennung nicht gering angeschlagen werden. Aber immer verdient es entschiedenen Widerspruch, dass man bei dieser Schwierigkeit von dem englischen Vorbilde abgewichen ist.

Denn auch in England konte es freilich nach älterem Rechte nur eine generelle Formel des Verdicts, nur ein „guilty" oder „not guilty" geben, weil That und Schuld im altgermanischen Strafprocesse für identisch galten (§. 16. 27). Aber die englischen Geschwornen selber haben später das Recht des Specialverdicts standhaft behauptet: sie verlangten, sich auf die reine Thatfrage beschränken, und den juristischen Theil des „guilty" den Richtern anheim stellen zu dürfen[353]. Aehnlich ist das schon erwähnte

353) vgl. Biener §. 40 a. E. und besonders im Archiv des Criminalrechts 1849. Heft 1. — Von den Kämpfen, die zur Behauptung dieses Vorrechts nötig wurden, giebt das Le-

Vorrecht der schottischen Geschwornen bei lossprechenden Wahrsprüchen: sie dürfen wählen zwischen „nicht schuldig" und „nicht überführt" (Note 327).

Dennoch hat man in Frankreich gar nicht daran gedacht, das Specialverdict zuzulassen, und auch in Deutschland hat nur die thüringische Strafprocessordnung[354] dasselbe eingeführt.

4. Bildung des Schwurgerichts.

a. Persönliche Fähigkeit. Urlisten, Jahreslisten.

190. Die Geschwornenbank, die man auch wohl Schwurgericht genant hat, ist sprachlich nicht zu vermengen mit dem Schwurgerichtshof (cour d'assises), d. h. der bei Verbrechen endlich entscheidenden richterlichen Behörde, welche fast überall aus fünf, in Frankreich jezt nur aus drei, meistens wechselnden Richtern besteht.

Die Auswahl der Geschwornen ist vor Allem durch die jährlich zu revidirenden s. g. Urlisten bedingt, d. h. durch Verzeichnisse sämtlicher dazu fähiger Per-

---

ben des William Penn von E. Bunsen (854 S. 37 ff.) ein merkwürdiges Zeugnis.

354) vom J. 1849, §. 292: »Die Geschwornen können bei einer ihnen vorgelegten Frage, die Frage über die That an sich und darüber, ob diese That von der Eigenschaft sei, welche das in Frage stehende Gesetz zu dem Begriffe des Verbrechens erfordert, trennen und wenn sie die Frage über die That an sich bejahen, die andere Frage durch einfache Stimmenmehrheit dem Gerichtshofe zur Entscheidung überlassen. Die Geschwornen haben in diesem Falle das, was sie bejahen, bestimmt anzugeben und das, was sie dem Gerichtshofe zur Entscheidung überlassen, mit der Bemerkung zu bezeichnen, dass ihnen unbekannt sei, ob der Angeklagte rücksichtlich dessen schuldig sei oder nicht.« — Aehnlich lautete der sächsische Entwurf v. 1848 §. 24. 35

sonen, die in jeder Gemeinde des Schwurgerichtsbezirkes anzulegen sind. Jene Fähigkeit ist überall beschränkt auf die Eingesessenen oder Ortsbürger männlichen Geschlechts, welche das dreissigste Lebensjahr vollendet haben. Sodann erfordert sie den Vollgenuss der bürgerlichen Rechte und einen bestimmten Steuersaz (Census), jedoch mit Ausnahme besonders befähigter Personen (Capacität); sie ist ganz entzogen gewissen vom Staate abhängigen Verwaltungsbeamten, dem Richterpersonal, dem Soldatenstande und den ordinirten Geistlichen.

Aus diesen Urlisten soll, nach dem Maasstab gewisser Bevölkerungsprocente, eine bestimmte Anzahl vorzüglich Befähigter für die Jahresliste ausgewählt werden; denn überall hat man es bedenklich gefunden, sich bei dieser Reduction dem Zufall, etwa dem Loose, preis zu geben. Diese sehr wichtige Auswahl ist meistens den höheren Verwaltungsbeamten, in Hannover den Stadt- und Bezirksbehörden übertragen; jedenfals kan aber das Material der Beurteilung nur aus den Mitteilungen der nächsten Ortsbehörden entnommen werden[355].

b. Die Dienstliste und die Ersazliste.

191. Die Dienstliste ist für eine einzelne Schwurgerichtsperiode bestimmt; und da diese regelmäfsig alle drei Monate eintrit, so kan man sie auch die Quartalliste nennen. Sie wird in Frankreich seit 1848, und in Hannover durch das Loos gebildet; anderswo durch Zusammenwirken eines höheren Regierungsbeamten mit dem designirten Schwurgerichtspräsidenten, indem jener 60 (in Preussen ausser der Rheinprovinz jezt 48) Namen

355) vgl. Preuss. Zusazgesez art. 57. Hannover: Provisor. Gesez über die Bildung der Schwurgerichte vom 24. Dec. 1849. — Nur in Frankreich, und auch hier nur im J. 1848, kam es zu dem Vorschlag, das Loos entscheiden zu lassen!

zusammenstellt, aus welchen dieser 36 (in Preussen jezt 30) sofort auszuwählen hat[356].

Diese 36 oder 30 Personen sind, bei schweren pecuniären und politischen Strafen, verpflichtet, sich vor dem Anfang jeder an die Assisen verwiesenen Sache in dem Gerichtsaal einzufinden; selbst ihre Ablehnungs- oder Entschuldigungsgründe sind in der Regel[357] hier erst vorzubringen. Zur Ablehnung berechtiget namentlich der bereits versehene Geschwornendienst innerhalb der lezten Jahresfrist.

Damit aber durch solche Befreiungsgründe die Zahl der fungirenden Geschworenen nicht unter 30 (in Preussen 24) herabsinke, muss für Ersaz- oder Ergänzungsgeschworene am Orte der Sizung gesorgt sein, von welchen oft eine besondere Jahresliste aufgestellt wird[358].

c. Ausloosung. Recusation. Vereidung.

192. Aus den so eben erwähnten 30 bis 36 (in Preussen 24 bis 30) Geschwornen werden vor Anfang jeder einzelnen Sache zwölf durch das Loos gezogen, und in dieser Reihefolge entweder sofort recusirt, oder in die Spruchliste der bevorstehenden Verhandlung

---

356) Preussen: 3. Jan. 1849 §. 67. 68. Zusazgesez art. 58.

357) Das preuss. Zusazgesez (3. Mai 1852) art. 60 schreibt wo möglich eine frühere Erledigung derselben vor.

358) Diese Ersazgeschwornen sind nicht zu verwechseln mit den Hülfsgeschwornen, die in verwickelten Criminalsachen aus der gewöhnlichen Dienstliste genommen und neben den zwölf wirklich fungirenden Geschwornen zugezogen werden, um für den möglichen Fall einer plözlichen Erkrankung oder sonstigen Verhinderung die Ausfallenden zu ersezen. Im rheinischen Strafverfahren werden sie usuell benuzt, wenn Ankläger und Angeklagte ihre Zustimmung geben; das neueste preussische Gesez v. 3. Mai art. 71. 72 hat sie ausdrüklich bestätigt, nur unter dem zweideutigen Namen von Ersazgeschworenen.

eingetragen. Das Recusationsrecht kan von dem Ankläger und dem Angeklagten gleich oft, und ohne Angabe von Gründen geübt werden; aber nur so oft, dass jedenfals zwölf nicht recusirte Namen, und nach Umständen auch noch ein oder zwei Hülfsgeschworne (Note 358) übrig bleiben.

Sobald diese Zahl von nicht Recusirten ausgelooset ist, wird die Geschwornenbank durch specielle Vereidung jedes Einzelen gebildet. Die wiederholten Versuche der preussischen Gesezgebung, dafür eine einmalige Vereidung aller Geschwornen am Anfang der Sitzungsperiode zu substituiren, sind bisher nicht durchgedrungen; auch würde diese Aenderung dem Character des Schwurgerichts durchaus nicht entsprechen.

5. Die Verhandlungen in Schwurgerichtsachen.

a. Vorbereitungen. Versezung in Anklagezustand.

193. Es bedarf sehr vieler umständlicher Proceduren, ehe eine Sache als reif für die mündlichen Verhandlungen vor den Geschwornen angesehen wird.

Dahin gehört vor Allem die Thätigkeit des Anklagesenats (§. 112), des Surrogats der englischen Anklagejury, auf dessen förmlichen Beschlüssen die Versezung in Anklagezustand, die Verweisung an einen bestimmten Schwurgerichtshof, und die vom Staatsanwalt zu entwerfende Anklageacte beruhen muss. Mit der Zustellung dieser Beschlüsse an den Angeklagten ist nach rheinischem Rechte auch seine Abführung in das Criminalgefängnis des Assisenhofes verbunden [359], wo er sofort vor dem Assisenpräsidenten oder einem der Richter vernommen,

359) Die Verhaftung selbst soll nach der rheinischen Criminalordnung art. 134 schon mit der Ueberweisung an den Anklagesenat verbunden sein. Das preussische Zusazgesez (3. Mai 1852) art. 64...67 läst darin mehr Freiheit.

über seine Verteidigungsmittel belehrt und befragt, und mit einem Verteidiger versehen werden muss. Auch die Dienstliste der Geschworenen (§. 191) muss dem Angeklagten, jedoch erst am Tage vor der öffentlichen Verhandlung, mitgeteilt werden oder doch zur Einsicht frei stehen.

b. Hauptverhandlung.

194. Die Leitung der Hauptverhandlung liegt fast ausschliessend in der Hand des Assisenpräsidenten, welcher namentlich auch eidesunfähige Personen oder zu spät angemeldete Defensionalzeugen noch als Auskunftpersonen (§. 143) zulassen kan. Uebrigens zerfält diese Verhandlung im Wesentlichen in fünf Hauptabschnitte:

1) Verlesung der Anklageacte und Verhandlung mit dem Angeklagten, ob er sich schuldig bekenne.
2) Zeugenverhör, nach Umständen mit oder ohne Vereidung, ausserordentlicherweise unter Mitbenuzung der früheren protokollarischen Vernehmungen (Note 310). Die sonstigen beweglichen Beweisstücke müssen den Geschwornen zur Ansicht vorgelegt werden. Sachverständige werden erst nach den Zeugen vernommen.
3) Ausführungen der Civilpartei, wenn eine solche aufgetreten ist (§. 117. 118), des Staatsanwalts und des Verteidigers. Dabei darf der Staatsanwalt die Anklageacte nicht abändern oder fallen lassen; auch wenn er sie nicht mehr für haltbar hält und dieses anerkennt, muss der Ausspruch der Geschwornen entscheiden.
4) Uebersichtliche Zusammenstellung der Resultate und der beiderseitigen Argumente durch den Vorsizenden, und Ankündigung der Fragen, die er an die Geschwornen zu stellen gesonnen ist.
5) Schriftliche Uebergabe dieser Fragen an die Ge-

schwornen, und Entlassung dieser lezteren zur geheimen Beratung und Abstimmung in ihrem Sizungszimmer.

Diese beiden lezten Stücke bedürfen noch einer näheren Erörterung.

195. Es ist allgemein anerkant, dass die richtige Fragestellung (Num. 4) das entscheidendste Moment in der ganzen Procedur der Geschwornengerichte bildet, weshalb sie denn auch von den Parteien zum Gegenstande besonderer Einwände und Anträge gemacht werden darf[360].

Die Hauptschwierigkeit der Fragestellung liegt aber wiederum in der combinirten Entscheidung über That und Schuld, welche unvermeidlich wird, wenn die Hauptfrage unbedingt dahin lauten muss: ob der Angeklagte schuldig sei u. s. w. (§. 189). Und meistens hat man dies, so wie die Unteilbarkeit der Hauptfrage, gesezlich vorgeschrieben[361], nachdem man in Frankreich vor der jezigen Criminalordnung mit den s. g. questions intentionelles manche Noth gehabt hatte, d. h. mit den abgesonderten, die strafwürdige Gesinnung des Inculpaten betreffenden Fragen[362]. Nur eine Frage dieser Art muss sogar nach den neueren Gesezen abgesondert gestellt werden: die über das Unterscheidungsvermögen (discernement) eines noch nicht sechzehnjährigen Angeklagten[363].

Die Unteilbarkeit der Hauptfrage besteht hauptsächlich darin, dass sie alle in der Anklage enthaltene

---

360) vgl. Preuss. Zusazgesez vom 3. Mai 1852 art. 81. 84. 87.

361) So im Code d'instr. crim. art. 337, und im Preuss. Zusazgesez art. 80. 81. — Dagegen hat die hessen-nassauische Schwurgerichtsordnung von 1848 (1849) art. 165 dem Vorsizenden nach Umständen gestattet, die erste Frage auf ein »überführt« zu beschränken. Aehnlich Frankfurt art. 233.

362) Biener Geschwornengericht §. 40.

363) Code d'instr. crim. 340. Preuss. Zusazgesez art. 83.

Umstände des Verbrechens umfassen soll; so jedoch, dass die darin enthaltenen Rechtsbegriffe möglichst in ihre factischen Momente aufzulösen sind. Ihr gegenüber stehen die Zusazfragen, welche teils von Amtswegen, teils auf Antrag der Parteien über erschwerende, mildernde oder die Strafe ausschliessende Umstände zu stellen sind, wenn dieselben während der Verhandlung zur Sprache kamen. Solche Zusazfragen lauten daher meist auf ein blofses „erwiesen“. Unbestimmte Fragen nach Milderungsgründen, ohne nähere Bezeichnung derselben, sind unstatthaft.

196. Die streng isolirte Beratung und Abstimmung der Geschwornen (Num. 5) wird von einem Vorsizenden geleitet, der entweder der zuerst Ausgelooste unter ihnen ist, oder auf seinen Antrag[364] von ihnen gewählt wird. Ihr Verdict darf die ihnen gestellten Fragen teilen, aber jeder Theil derselben muss namentlich erwähnt, und entweder mit Ja oder mit Nein beantwortet werden (§. 189). Stimmengleichheit gilt immer als Entscheidung zu Gunsten des Angeklagten; gegen ihn ist nur die Majorität von zwei Dritteln sofort entscheidend, nicht so die einfache Majorität von sieben; und daher muss dieses Stimmenverhältnis, aber nur dieses, in dem schriftlich abzugebenden Verdict mit angezeigt werden[365].

Mehr als gefragt ward, darf das Verdict nicht enthalten; nur die Empfehlung zur Gnade wird factisch zugelassen, auch meistens zu weiterer Erwägung befördert[366].

---

364) Nach dem preuss. Zusazgesez art. 89 soll immer sogleich Wahl eintreten — wer diese leiten soll, wird nicht gesagt.

365) s. §. 197. vgl. Bd. II. S. 29.

366) In Frankreich hat man im J. 1832 den Geschwornen gestattet, das Dasein von mildernden Umständen (causes atténuantes) ohne nähere Angabe derselben zu behaupten. Es zeigte sich bald, dass dies der erste Schrit zur Omnipotenz

197. Das Verdict gilt für den Assisenhof in der Regel als unumstöfslich, und daher ist der weitere Verlauf der öffentlichen Verhandlung meistens sehr einfach. Nur in drei Fällen ist der Gerichtshof nicht unbedingt an den Wahrspruch gebunden:

1) wenn er unvollständig ist: dann müssen die Geschwornen zur Ergänzung desselben wieder abtreten.
2) Wenn er mit sieben gegen fünf Stimmen zum Nachteil des Angeklagten lautet: dann überwiegt die einfache Majorität der Richter die der Geschwornen [367].
3) Wenn die Richter einstimmig der Ansicht sind, dass das Verdict gegen den Inculpaten materiell irrig sei. Dann dürfen sie die Sache an andere Geschworne in der nächsten Schwurgerichtsperiode verweisen [368].

Wegen eigentlicher Nichtigkeiten kan das Verdict nicht für sich allein, sondern nur in Verbindung mit dem darauf gestüzten Straferkentnisse in höherer Instanz angefochten werden.

---

der Geschwornen war. vgl Biener I S. 394. — Die heutige rheinische Praxis gestattet die Empfehlung zur Gnade in der Weise, dass der Erste Geschworne gleich nach der Publication des Strafurtels erklären muss, er habe noch eine Mitteilung zu machen, worauf dann nach geschlossener Audienz die Richter mit den Geschwornen im Beratungszimmer zusammentreten, um die Empfehlung und die Motive derselben zu vernehmen.

367) So nach dem preuss. Zusazgesez art. 98, in Rheinpreussen schon nach einem Gesez vom 31. Dec. 1833. Die französische Criminalordnung art. 351 forderte in diesem Falle die Majorität von vier unter fünf Richtern; dies ist aber, nach mancherlei Schwankungen, zulezt durch ein Gesez vom 9. Sept. 1835 dahin geändert worden, dass die abweichende Ansicht der einfachen Majorität der Richter (also jezt zwei gegen einen, §. 190) die Verweisung der Sache an die nächste Schwurgerichtsperiode beschliessen darf.

368) Code d'instr. crim. 352. Preuss. Zusazgesez 99.

D. Der Contumacialstrafprocess.

1. Uebersicht.

198. Das Contumacialstrafverfahren sezt eine widerrechtliche Abwesenheit des Inculpaten voraus, während die blofsen Contumacialstrafen mitunter auch den anwesenden ungehorsamen Inculpaten (§. 150), so wie die ausgebliebenen Zeugen oder Geschwornen treffen können (§. 140. 191). Diese Fälle gehören also nicht hieher, so wenig wie die Bestrafung des Zeugen wegen Eides- oder Antwortsweigerung[369], oder die Incidentverhandlung wegen ungebührlichen Betragens der Zuhörer im Gerichtsaale[370]; denn dazu bedarf es nicht einmal überall eines besonderen Antrags von Seiten des Staatsanwalts[371]. Aber auch nach Abscheidung dieser Materien bleibt ein wesentlicher Unterschied zwischen dem eigentlichen Contumacialverfahren und den einfachen Contumacialdecreten, oder den Urteilen, welche in Uebertretungsachen, nach einigen Rechten auch wohl wegen Vergehen[372], gegen den Abwesenden aber gehörig Geladenen sofort ausgesprochen werden können, ohne seine Rechtfertigung oder Entschuldigung vorher abzuwarten. Wenn, wie in Preussen, in Uebertretungsachen ohnehin auch blofse Strafverfügungen, ohne alle Verhandlung mit dem Inculpaten, gestattet sind (§. 180), so müssen in so weit auch die wesentlichen Unterschiede zwischen dem einfachen Contumacialurteil und einer solchen Strafverfügung hinwegfallen.

---

369) s. oben Note 273. — Badische Crim.Ordn. v. 1845 §. 145. 146.

370) Code d'instr. crim. 181. 501...509. Preuss. Verordng. vom 3. Jan. §. 180. Gesez v. 3. Mai 1852 art. 134.

371) Nicht nach der Preuss. Crim.Ordn. §. 312, und Verordng vom 3. Jan. §. 20. 72; wohl aber nach Code d'instr. crim. art. 80. 81. 157. 158. 189. 354...56. 396.

372) Namentlich nach dem Code d'instr. crim. 146. 149. 185. 86.

Diese unvollständigen Proceduren sind aber wenigstens bei dem Verbrechen überall ganz ausgeschlossen; und grade in Preussen hat man selbst für die Polizeigerichte auch noch eigentümliche Verhandlungen in Contumacialfällen vorgeschrieben[373].

199. Die Formen des eigentlichen, durch positive Bestandteile ausgezeichneten Contumacialstrafprocesses haben nach Ort und Zeit sehr häufig gewechselt. In Rom blieb er, als seltene Ausnahme von dem Princip: „ut nemo absens damnetur", sehr wenig entwickelt; im germanischen Mittelalter war es der schon den fränkischen Capitularien bekante Achtprocess[374], dessen lezte Reste sich nur im sächsischen Strafverfahren und in der Reichsacht erhielten, nachdem er in der Peinlichen Gerichtsordnung verschwunden war. Die neueren Gesezgebungen sind also fast die alleinige Quelle des heutigen Contumacialstrafprocesses.

Das Wechselnde und Mannichfaltige dieses Verfahrens[375] erklärt sich einfach daraus, dass er immer nur ein künstliches Surrogat für den vom Inculpaten verschuldeten Ausfall des regelmäfsigen Verfahrens bleiben wird. Denn freilich wäre es ein bedenkliches Zeichen obrigkeitlicher Ohnmacht, wenn die Justiz sich dem flüchtigen Verbrecher gegenüber immer passiv verhalten müste; andererseits aber würde auch ein unzeitiges vergebliches Einschreiten jene Ohnmacht noch auffälliger machen, und ein hastiges Greifen nach wilkürlichen Strafsurrogaten der Rechtspflege nicht würdig erscheinen.

373) Gesez vom 3. Mai 1852 art. 46...49.

374) Capitulare Carol. M. IV. a. 803. c. 33. Der Sachsenpiegel I, 68 §. 1. 2 nennt diese Acht: Verfestung.

375) Sehr speciell ist es behandelt in Bayern, Strafgesezb. Th. II art. 410..431, und StrPO. von 1848 art. 275...302, so wie in der neuesten österreichischen StrPO. §. 377...395.

Diese Rüksichten sind am wenigsten verhehlt worden in der neuesten österreichischen Strafprocessordnung, welche mit den meisten deutschen Gesezen der Neuzeit zwar darin übereinstimmt, dass das Contumacialstrafverfahren als ausserordentliche Procedur von der Staatsanwaltschaft besonders beantragt, und von der richterlichen Behörde genehmigt sein muss, nicht aber, wie diese andern, den Staatsanwalt seinem eigenen Ermessen (oder höheren Weisungen?) überläst[376], sondern ihm zugleich gewisse leitende Gesichtspuncte vorzeichnet[377].

Dagegen hat die rheinische Criminalordnung, welche das förmliche Contumacialverfahren auf eigentliche Verbrechen beschränkt[378], bei diesen die Einleitung desselben den Beschlüssen des Anklagesenats überlassen; für das Einschreiten des Gerichtshofes bleibt die Anklageacte des ersteren entscheidend[379].

200. Die einzelen zu diesem Verfahren gehörigen Acte betreffen entweder die Herbeischaffung des Flüch-

---

376) So in dem preussischen Gesez vom 3. Mai 1852 art. 35. Scheinbar hat der art. 34 das Contumacialverfahren von der Voruntersuchung ganz ausgeschlossen; allein dies ist nur von der directen Vorladung. nicht von den Stekbriefen gemeint.

377) Oesterr. StrafPO. §. 385: »Wenn ein Verbrechen grofses Aufsehen erregt hat, oder die gänzliche Straflosigkeit weitere nachtheilige Folgen besorgen lässt, und wenn weder der Thatbestand noch die Person des Thäters einem Zweifel unterliegt, so kann auch wider den Abwesenden und Flüchtigen verfahren, und bis zu einer solchen Verurtheilung vorgegangen werden. die in der öffentlichen Meinung wenigstens einige Wirkung gegen die Person des Thäters hervorzubringen fähig ist.«

378) Der Stekbriefe ist dabei nicht gedacht worden. Die ähnlichen Proceduren gegen Militärpflichtige und desertirte Soldaten beruhen auf specielleren Gesezen.

379) Code d'instr. crim. art. 465.

tigen, oder die Hauptverhandlung, oder die Vollstreckung der Strafe. Die wichtigsten Acte dienen aber dem ersten und dritten Zwecke gemeinsam: die Stekbriefe nemlich, und die Güterbeschlagnahme; die sonstigen Aushülfen der Strafvollstreckung gegen Abwesende dagegen werden est im lezten fünften Abschnit dieses Kapitels zu besprechen sein.

2. Die Stekbriefe.

201. In Rom wurden nur entlaufene Sclaven durch Circularschreiben verfolgt[380]; die regelmäfsige Anwendung unserer Stekbriefe (litterae patentes arrestatoriae), gegen flüchtige Inculpaten oder Verurteilte, gehört der neueren Praxis an. Dem französischen Strafprocesse fehlt nur der besondere Name, nicht die Sache selbst; sie ist vorhanden, wenn mit dem öffentlichen verkündeten Haftbefehl (§. 146) das Signalement des Verfolgten verbunden wird.

Die Ehrenkränkung, die in dieser Maasregel enthalten ist, und ihre Gefahren für dritte Personen machen die Beschränkung derselben auf solche Delicte unerläslich, die auch den anwesenden Inculpaten der Haft unterwerfen würden; und überdies muss, um den Stekbrief zu rechtfertigen, die Verfolgung ohne Oeffentlichkeit oder durch einfache Nacheile (sequela praefectoria), vergeblich erscheinen[381].

Auch kan nur derjenige, der eine gerichtliche Haft veranlassen dürfte, den Stekbrief erlassen[382]: ent-

---

380) fr. 1 §. 2 de Fugitiuis (Dig. 11, 4).

381) Oesterr. StrafPO. v. 1853 § 379...381.

382) In Rheinpreussen bedarf die Zeitung zur Einrückung eines Stekbriefes der Genehmigung des Staatsanwalts oder einer vorläufigen Verfügung des competenten Gerichts. Ressortreglement v. 20. Juni 1818 §. 30.

weder der Inquirent auf Antrag des Staatsanwalts, oder, des Zeitgewinns wegen, auch wohl lezterer allein.

Der Stekbrief muss, ausser der möglichst genauen Personalbeschreibung, auch die Angabe des Delicts enthalten, dessen der Inculpat beschuldiget wird. Er muss widerrufen werden, sobald er unnötig wird; denn der Urheber haftet nicht blos für die Ergreifungs- und Ablieferungskosten, sondern auch für den Schaden, den Dritte durch Misverständnisse, oder durch den Misbrauch dieser Maasregel erleiden könten.

Andererseits begründet der Stekbrief eine Prävention, anderen gleich competenten Strafbehörden gegenüber (§. 109).

3. Der Güterbeschlag, annotatio bonorum.

202. Die Beschlagnahme der Güter des entflohenen Inculpaten war in Rom so hergebracht, dass Constantin sie im Jahre 319 zu einer schändlichen Finanzmaasregel benuzen konte: das ganze Vermögen des Ausbleibenden solte nach Jahresfrist unwiderruflich dem Fiscus verfallen sein, so dass selbst die klarsten Unschuldsbeweise diese Contumacialstrafe nicht rükgängig machten [383].

Die Peinliche Gerichtsordnung art. 206 ist gerechter: sie begnügt sich, dem Inculpaten für seine Person die Disposition über seine Güter zu entziehen, ohne den Ansprüchen der Familie oder der Erben vorzugreifen.

Neuere Geseze haben wohl, was sich von selbst verstand, die leichten Vergehen von dieser Maasregel ausdrüklich ausgenommen [384], oder eine vorgängige Androhung der Contumacialstrafe gefordert [385]. Die preussische

---

383) const. 2 de Requirendis reis (Cod. 9, 40). vgl. fr. 5 pr. §. 3 eod. tit. (Dig. 48, 17).

384) Württemb. Strafprocessordnung art. 174...176.

385) Bayerisches Strafgesezb II art. 427. Der Code d'instr. crim.

Criminalordnung §. 237 spricht ganz allgemein, die neueste badische und österreichische gar nicht von der Güterbeschlagnahme.

4. Das Contumacialhauptverfahren.

203. Ist man des Angeschuldigten auch durch Stekbriefe oder Güterbeschlag nicht habhaft geworden, so kan, wenn die Voruntersuchung den Verdacht eines Verbrechens oder schweren Vergehens gegen ihn weiter begründet hat, das Hauptverfahren, meistens [386] in folgender Weise, eintreten:

Er wird, unter Androhung des Contumacialurtels, und unter Ansezung angemessener Fristen, förmlich und öffentlich — durch Anschläge, Zeitungen oder Ausrufer — und in schweren Sachen, jedenfals dreimal geladen.

Weitere Fristen sind nur zu gewähren, wenn das Ausbleiben des Inculpaten nun noch genügend entschuldiget wird [387].

In der Hauptverhandlung wird kein Defensor als solcher zugelassen; ein Vertreter nur, so weit er ohnehin zulässig ist. Auch die Geschwornen fallen hinweg [388].

In Preussen soll das Strafurtel, ohne die Gründe desselben, ausgehangen, und dann nach vierzehn Tagen als gehörig insinuirt angesehen werden. Die französische und österreichische Gesezgebung dagegen will eine besondere, äusserst harte Form der Publication der erkan-

---

465. 471...75 läst die Sequestration erst nach der Verurteilung eintreten.

386) vgl. oben Note 375. Preuss. Gesez vom 3. Mai 1852 art. 37...50. Der Code d'instr, crim. art. 465. .478 ist hier viel strenger.

387) Code d'instr. crim. 468. 469.

388) s. oben §. 115. Preuss. Gesez v. 3. Mai 1852 art. 23. 39. Code d'instr. crim. 468. 470.

ten Criminalstrafe: der Nachrichter soll den Urtelsauszug an einen besonderen Schandpfahl oder an den Galgen heften[389]. Und doch soll das ganze Verfahren als nicht eingetreten behandelt werden, wenn der wegen eines Verbrechens Verurteilte später vor Gericht erscheint; nur die Kosten desselben hat er unter allen Umständen zu erstatten! Dieser lezte Grundsaz ist auch in Preussen für die wegen eines Verbrechens Verurteilten anerkant worden[390].

IV. Die Rechtsmittel im Strafprocesse.

Fri. Walther Die Rechtsmittel im Strafverfahren nach den Grundsäzen des englisch-französischen Strafprocessrechts. 1853. 1855. — Planck S. 499 ff.

A. Uebersicht.

204. Die Entkräftung einer strafrichterlichen Verfügung kan im Rechtswege und im Gnadenwege gesucht werden; aber der Gnadenweg beseitigt nicht das Strafurteil an sich, sondern nur dessen Vollstreckung, so dass wir bei der Anfechtung des Urteils nur an den Rechtsweg, an die s. g. Rechtsmittel zu denken haben.

Solche Rechtshülfen aber sind unentbehrlich, nicht blos gegen das Enderkentnis des Strafrichters, sondern auch gegen manche vorausgehende Verfügung; und nicht blos die hiezu ausschliessend bestimmten einfachen Beschwerden, sondern auch die Opposition, die weitere Verteidigung, die Appellation und sogar der Cassations-

---

389) Preuss. Gesez v. 3. Mai 1852 art. 41. 49. 50. Code d'instr. crim. 472. Oesterr. 392.

390) Code d'instr. crim. 476. Oesterr. 394. Gesez v. 3. Mai art. 44. 45. — Für den Eintrit des bürgerlichen Todes solte in Frankreich und Bayern nur eine fünfjährige Gnadenfrist gelten, nach deren Ablauf die bereits eingetretenen Folgen desselben unumstöslich wurden.

concurs werden in einzelen Fällen schon vor dem Endurteil gestattet.

205. Die Unterschiede der strafgerichtlichen Rechtsmittel von denen des Civilprocesses beruhen vor Allem darauf, dass bei dem Gebrauche derselben der Privatwilkür weniger Spielraum eingeräumt worden ist.

Dies zeigt sich zunächst schon bei der abweichenden Bedeutung der Rechtskraft im Strafprocesse. Während dieselbe im römischen Civilprocesse meist schon aus der vorausgegangenen Unterwerfung unter das künftige Urteil, aus der litis contestatio (II, 590. 631) hergeleitet wurde, kan sie im Strafprocesse nur als ein positives Rechtsinstitut betrachtet werden, dem aber eine unbedingte Geltung nicht leicht eingeräumt worden ist. So wie ihre Bedeutung zu Gunsten des Verurteilten durch Zulassung von Restitutionen und Begnadigungen abgeschwächt wurde, so hat man auch wohl umgekehrt den rechtskräftig Freigesprochenen einem neuen Strafverfahren unterworfen, wenn die Freisprechung auf einem erwiesenen Irtum beruhete (Note 325).

206. Andererseits aber hatte die Besorgnis misbräuchlicher Verzögerungen schon in Rom den geständigen und den notorischen Verbrecher von aller Appellation ganz ausschliessen wollen; und das germanische Recht ging darin noch weiter, so dass schon in der Glosse zum Sachsenspiegel (I, §. 129) die Unstatthaftigkeit der einfachen Appellation in allen Straffällen behauptet wurde [391].

Während nun die Peinliche Gerichtsordnung sich aller Bestimmungen über diese streitige Rechtsfrage enthielt, die Praxis aber nur noch in den selteneren Fällen des Anklageprocesses (§. 103) auch die Appellation

391) vgl. Klenze Lehrb. des Strafverfahrens 836. S. 159. .171.

für anwendbar hielt, ward auch in den gleichzeitigen Reichscammergerichtsordnungen (Bd. I §. 133) nur die Nichtigkeitsklage an das Reichscammergericht in Strafsachen zugelassen, wodurch denn die ordentliche dritte Instanz, die doch in Civilprocessen fast für unantastbar galt, in Strafsachen ganz verschwinden muste.

Auf ähnliche Weise ist auch in den neuesten Criminalordnungen die Appellation in Assisensachen ganz ausgeschlossen worden.

207. Diesen Beschränkungen gegenüber wurden aber auch unfreiwillige Rechtsmittel (appellationes necessariae) eingeführt, um die übereilte Verhängung schwerer Strafen, namentlich der Todesstrafe, zu verhüten. Schon in Rom war die Appellation in Strafsachen jedem Bürger, auch wider Willen des Verurteilten, gestattet [392]; in Deutschland machte man daraus eine Amtspflicht des Unterrichters, sein Urtel dem Oberrichter „ad iustificandum" einzusenden, oder man forderte in allen erheblichen Fällen noch eine ministerielle oder landesherrliche Bestätigung [393]. Erst die neuesten Strafprocessordnungen sind, mit Ausnahme der österreichischen [394], von diesen Hemmungen der ordentlichen Strafrechtspflege ganz zurükgetreten.

B. Die Beschwerde.

208. Nach gemeinem Strafprocessrecht ist die s. g. einfache Beschwerde wie im Civilprocesse (II, 721 ...723) besonders anwendbar gegen mögliche Ungehörigkeiten während der Voruntersuchung, z. B. gegen den Misbrauch des Untersuchungs- oder des Verhaftungsrechts.

---

392) Vlpianus, fr. 6. de appellationibus (Dig. 49, 1).

393) s. oben Note 205. unten §. 219.

394) Sie fordert im art. 308. 310 für Todesurteile die Zustimmung des obersten Gerichtshofs und des Kaisers.

Indessen gestattet schon das römische Recht für solche Fälle auch eine anticipirte Appellation[395], und die spätere Praxis hat zu gleichem Zwecke auch wohl die Anticipation der weiteren Verteidigung (§. 210) zugelassen.

Nach rheinischem Recht darf der Inculpat sich mit schriftlichen Beschwerden (mémoires) an den Anklagesenat (§. 112) wenden, bei dem auch der Staatsanwalt oder die Civilpartei ein Freilassungsdecret der Instructionskammer binnen 24 Stunden anfechten kan. Für diesen zweiten Fall braucht die rheinische Criminalordnung den nicht passenden Namen Opposition (§. 209); einen besonderen technischen Namen kennt sie nicht, auch ist dabei von contradictorischen Verhandlungen nicht die Rede[396].

Nach der preussischen Gesezgebung sind die Beschwerden gegen alle gerichtlichen Verfügungen und Beschlüsse gestattet, sofern kein besonderes Verbot derselben besteht; sie folgen dem Instanzenzug der eigentlichen Rechtsmittel, in der Regel ohne Fristbeschränkung und ohne öffentliche oder contradictorische Verhandlung. Die gewöhnlichste Beschwerdeinstanz bilden die Appellationsgerichte[397]; über diese beschwert man sich beim Obertribunal[398].

C. Einspruch, Opposition.

209. Einspruch oder Opposition im wahren Sinne des Worts (§. 208) ist ein nicht devolutives Rechtsmittel, d. h. es wird bei demselben Richter angebracht, dessen Verfügung beseitiget werden soll (II, 686. 687). Die rheinische Criminalordnung gestattet dasselbe jedem,

---

395) Scaeuola, fr. 2 de Appellat. recipiendis (Dig. 49, 5).

396) Code d'instr. cr. 135. 136. 217. 229. 231. vgl. art. 9.

397) Verordnung v. 2. Jan. 1849 §. 35, vom 3. Jan. §. 12 13. 131; Gesez v. 3. Mai 1852 art. 11...17. 129.

398) Gesez v. 3. Mai art. 112. 113.

der als Abwesender, aber ohne förmliches Contumacialverfahren (§. 198) durch ein einfaches Contumacialdecret verurteilt worden ist. Dahin gehören nach rheinischem Rechte folgende Personen:

1) Die Inculpaten, welche wegen einer Uebertretung in erster, wegen eines Vergehens in erster oder zweiter Instanz durch ein „jugement par défaut" verurteilt worden sind.

2) Die Zeugen, welche von dem Assisenhofe wegen Ausbleibens in Strafe genommen sind (art. 356). Bei den anderen Gerichtshöfen genügt jede formlose Rechtfertigung des Zeugen[399].

Der neueste preussische Strafprocess hat nur in Uebertretungssachen gegen die Strafverfügungen (§. 181) den Weg des Einspruchs gestattet[400].

Die Fristen dieses Einspruchs sind nach preussischem Rechte zehntägig, nach rheinischem für den Inculpaten drei- und fünftägig. In allen Fällen muss der Opponent, bei Strafe der Desertion, in der nächsten Sizung ungeladen die Rechtfertigung seines Einspruchs übernehmen.

D. Die weitere Verteidigung.

210. Mit dem Verschwinden der Appellation im gemeinen, namentlich im inquisitorischen Strafprocesse (§. 205), entstand sofort das Bedürfnis eines Surrogats derselben, welchem durch Carpzow der Name der weiteren Verteidigung gegeben wurde. Sie solte eine Art Läuterung (II, 689), ein remedium coram eodem iudice sein, wobei aber doch die Actenversendung

---

399) So auch für die in Geldstrafe genommenen Geschwornen, die sich vor dem Assisenhof zu rechtfertigen haben, während die preussische Verordnung vom 3. Jan. §. 72 binnen zehn Tagen eine Beschwerde bei dem Appellationsgerichte von ihnen fordert.

400) Gesez vom 3. Mai 1852 art. 124...129.

(II, 690) eine bequeme Gelegenheit bot, nach geschlossener Verhandlung das eigentliche Urtel in andere Hände zu legen. In diesem Geiste ist später zwar die Entscheidung meist dem ordentlichen Oberrichter zugefallen, die Instruction des Rechtmittels aber doch dem ersten Richter geblieben, nur unbeschadet der Befugnis der oberen Behörde, nötigenfals auch noch eine Vervollständigung der Untersuchungsacten zu fordern.

Der Beifall, den dieses Institut in der Praxis fand, führte allmählig dahin, dass man auch schon vor dem Endurteil anticipirte Verteidigungen gegen Decrete auf Tortur, auf Specialuntersuchung u. dgl. zulies (§. 132. 153), und andererseits dem Mangel einer dritten Instanz mitunter durch Gestattung einer abermaligen weiteren Verteidigung abzuhelfen suchte.

Unerläslich ist die rechtzeitige Einwendung der weiteren Verteidigung; dagegen hat die Versäumung bestimmt gefasster Beschwerden und ihrer Rechtfertigung keine Desertion (II, 692) dieses Rechtmittels zur Folge.

Einen erheblichen, aber auch bedenklichen Vorteil für den Inculpaten gewährt dieses Rechtsmittel nach der allgemeinen Natur des inquisitorischen Processes: er hat keine Gegner, die sich desselben direct oder im Adhäsionswege (II, 700) bedienen könten; mithin kan auch die Abänderung des Urteils nur zu seinem Vorteil, nicht zu seinem Nachteil, als reformatio in peius (durius), ausfallen. Dieses Misverhältnis hat aber einige Landesgesezgebungen, z. B. in Württemberg, veranlast, dem Oberrichter bei diesem und ähnlichen Rechtsmitteln auch das Recht der Strafschärfung von Amtswegen beizulegen [401].

---

401) Mittermaier deutsches Strafverfahren II S. 623. 24. ed. IV. — In Preussen giebt es im Militärstrafprocesse noch ein besonderes Rechtsmittel der Aggravation, dessen

E. Appellation, Berufung, Recurs.

211. Die durch neuere Geseze wiederhergestellte Appellation und der für leichtere Strafsachen eingeführte Recurs sind wesentlich devolutive Rechtsmittel. Nach rheinischem Rechte soll die Appellation allen Beteiligten gegen alle strafenden oder freisprechenden Urteile erster Instanz in Uebertretungs- und Vergehungssachen zustehen, mit Ausnahme der blofsen Geldstrafen bis zu 15 Franken [402].

Das neueste preussische Recht dagegen beschränkt die an eine Abteilung von fünf Mitgliedern des Appellationsgerichts zu richtende Appellation auf die Urteile in Vergehungssachen [403], während wegen blofser Uebertretungen nur der Recurs an eine Abteilung von drei Appellationsrichtern gestattet ist [404]. Der Hauptunterschied besteht in gröfseren Beschränkungen der Rechtfertigungsfrist und der neuen Beweismittel bei Lezterem.

Die neueste österreichische Strafprocessordnung braucht für alle diese Fälle den gemeinsamen Namen Berufung. Dabei ist aber den Gerichten zweiter Instanz (den Oberlandesgerichten) ein freies, sehr weit gehendes Milderungsrecht eingeräumt worden, verbunden mit der Befugnis, in geeigneten Fällen sogar noch weitere Mil-

---

sich der Amtsvorgesezte des Angeschuldigten, und in Injuriensachen der Beleidigte bedienen darf; für den gewöhnlichen Strafprocess ist dasselbe mit dem fiscalischen Untersuchungsprocesse hinweggefallen. Verordnung v. 3. Jan. 1849 §. 160. Fleck Strafverfahren der preuss. Militärgerichte 854 S. 181. Goltdammer Archiv III, 821 ff. IV, 69 ff. 545. 678 ff.

402) Code d'instr. crim. 182...178. 199...207. 209...216.

403) Verordnung v. 3. Jan. 1849 §. 126 . 136, beschränkt durch Gesez v. 3. Mai 1852 art. 101...105.

404) Verordnung v. 3. Jan. §. 165...170. Gesez v. 3. Mai art. 129.

derungen der Strafe bei dem obersten Gerichtshofe von Amtswegen zu beantragen [405].

Ganz ausgeschlossen ist die Appellation in den Stand- oder Kriegsgerichten [406], so wie überall in Assisensachen.

F. Nichtigkeitsklage und Cassationsrecurs.

212. Der Umfang der strafgerichtlichen Nichtigkeitsklage war im gemeinen Strafprocesse (§ 206) sehr schwankend geblieben; namentlich blieb es unentschieden, ob sie auf unheilbare Nichtigkeiten (II, 704...707) zu beschränken, oder auch auf heilbare anzuwenden sei. Sie hat nur Suspensiveffect, wenn der Nichtigkeitsrichter ihn ausdrüklich gewährt.

Nach rheinischem Rechte beginnt das Gebiet dieser Klage sofort da, wo das der Appellation aufhört; d. h. teils bei den nicht appellablen Uebertretungs- und den Assisensachen, teils erst nach Beseitigung der Appellationsinstanz in andern Uebertretungs- und Vergehungsfällen. Aber auch die nur vorbereitenden Erkentnisse über Competenzfragen und über Versezung in den Anklagezustand können sofort durch eine Nichtigkeitsklage angefochten werden [407].

Sie ist dem Inculpaten im weitesten Umfange gestattet; für den Staatsanwalt treten einige Beschränkungen ein, der Civilpartei ist sie in Assisensachen fast ganz untersagt [408].

---

405) Oesterr. StrafPO. v. 1853 §. 295...311. 427. 428.

406) Oesterr. StrPO. §. 411. Strafgesez für das preuss. Heer §. 61. 232. Preuss. Gesez über den Belagerungszustand vom 4. Juni 1851 §. 13.

407) Code d'instr. crim. art. 177. 216. 296. 299. Gegen andere vorbereitende Decrete muss die Nichtigkeitsklage bis zur Anfechtung des Endurteils verschoben werden. art. 416.

408) Code d'instr. crim. art. 412. 413.

Von dem Generalstaatsanwalt am Obertribunal kan die Cassation auch blos im Interesse des Gesezes beantragt werden, so dass das Vernichtungsurteil auf den Inculpaten und auf die Civilpartei keinen Einfluss mehr äussern darf. So namentlich nach einem freisprechenden Wahrspruch der Geschwornen[409]. Auch ist die Staatsregierung in Frankreich verfassungsmäfsig zu solchen Anträgen berechtiget, wenn sie in dem Urteil eine richterliche Machtüberschreitung (excès de pouvoir) zu erkennen glaubt[410].

Das neueste preussische Recht kennt gar keine Nichtigkeitsklage der Civilpartei; auch für den Staatsanwalt und für den Inculpaten ist sie auf die eigentlichen Urteile beschränkt, überdies in Uebertretungsachen dem Inculpaten gar nicht, dem Staatsanwalt nur im überwiegenden Interesse des Gesezes und nur mit Ermächtigung des Justizministers gestattet. Doch wird in diesem lezten Falle auch der Inculpat von den ungünstigen Folgen der Cassation betroffen, wenn nicht der Justizminister ihn von denselben wieder befreiet[411].

In der neuesten österreichischen Strafprocessordnung ist die Nichtigkeitsklage ganz mit der Berufung verschmolzen worden.

213. Das Verfahren bei Cassationsrecursen ist nach den neueren Gesezgebungen sehr genau geordnet.

Sie müssen nach rheinischem Rechte in der Regel[412]

---

409) Code d'instr. crim. art. 442. 409.

410) Daniels Grundsäze des rhein. Strafverfahrens 849 S. 220. 21.

411) Gesez v. 3. Mai 1852 art. 106. 129.

412) Code d'instr. cr. art. 373. Ausnahmen treten ein: 1) bei Freilassungsdecreten und anderen Folgen der Freisprechung von einem Verbrechen; 2) bei der Anfechtung eines Anklagebeschlusses; 3) bei dem Cassationsrecurs im Interesse des Gesezes. Im ersten Falle ist die Frist auf 24 Stunden, im

binnen drei, nach preussischem[413] binnen zehn Tagen angemeldet, und mit genauer Angabe des Nichtigkeitsgrundes verbunden werden.

Die Cassationsgründe sind:

1) Verlezung oder unrichtige Anwendnng eines Gesezes oder eines Rechtgrundsazes.
2) Verlezung oder unrichtige Anwendung wesentlicher Vorschriften oder Grundsäze des Verfahrens.

Die Staatsanwaltschaft darf jedoch die Verlezung solcher Vorschriften, welche lediglich im Interesse des Inculpaten gegeben sind, nicht zu seinem Nachteil geltend machen[414].

Erscheint die Beschwerde gerechtfertiget, so soll in Frankreich der Cassationshof immer ein neues Verfahren vor einem bestimmten Gerichtshofe verordnen; in Deutschland darf er zugleich als Revisionshof (II, 710) das reformatorische Urteil fällen, wenn die Nichtigkeit nicht auf Mängeln des Verfahrens beruhet, und es auch neuer thatsächlicher Aufklärungen nicht bedarf[415].

Die Entscheidung gebührt nur dem Cassationshofe, der in Preussen aus sieben Delegirten des Obertribunals besteht. Die Verwerfung des Cassationsrecurses hat für die Civilpartei, und in geringeren Strafsachen für den Inculpaten, meist den Verlust von Succumbenzgeldern zur Folge[416].

G. Die Restitution oder Revision.

214. Die Wiedereinsezung in den vorigen Stand

---

zweiten auf 5 Tage gesezt, im dritten ist sie unbeschränkt. art. 374. 296. 298. 442.

413) Gesez vom 3. Mai 1852 art. 110. Zur amtlichen Anfechtung in Uebertretungsachen (art. 129) sind sechs Wochen gestattet.

414) Code d'instr. cr. 408...14. Gesez v. 3. Mai 1852 art. 107...109.

415) Rheinpreussische Verordnung vom 6. Mai 1814 §. 5. vom 21. Juni 1819 §. 6. — Pr Gesez v. 3. Mai 1852 art. 115.. 118.

416) Code d'instr. cr. art. 419. 420. 436. vgl. Bd. II §. 705.

kan in Strafsachen sowohl nach gemeinem Rechte als nach neueren Gesezgebungen in doppelter Weise erbeten werden:

1) gegen blofse Fristversäumungen. Dies hat gemeinrechtlich um so weniger Bedenken, als es hier meist nur arbiträre Fristen giebt[417]; aber auch das neuere preussische Recht gestattet sie, namentlich in Uebertretungsachen[418], während im Allgemeinen der sofortige Einspruch gegen das Contumacialdecret die Restitution ersezen soll[419];

2) gegen rechtskräftige Strafurteile gab es in Rom zwar keine prätorische (II, 712), wohl aber eine kaiserliche Restitution, als Abart des Begnadigungrechtes[420]. Später, seit Leyser (1742), glaubten auch die Gerichte wohl eine Restitution gewähren zu dürfen, wenn um Wiederaufnahme der Untersuchung wegen neu aufgefundener Unschuldsbeweise gebeten wurde; und neuere Gesezgebungen haben dies mitunter bestätigt[421].

215. Das rheinische Recht beschränkt diese Restitution unter dem Namen Revision auf drei Fälle, in welchen die Aufrechthaltung des Urteils eine Absurdität sein würde; nemlich

1) wenn wegen einer und derselben That eines Menschen zwei verschiedene Personen in zwei verschiedenen Processen verurteilt worden sind;

---

417) vgl. PGO. art. 12 med.

418) Das Preuss. Zusazgesez vom 3. Mai 1852 art. 130 hat dafür eine zehntägige Frist, nach Beseitigung des entschuldigenden Hindernisses, gesezt. Der Staatsanwalt ist über das Gesuch zu hören, gegen den Abschlag bleibt eine neue zehntägige Frist zur Beschwerde.

419) s. oben Note 372 400. Code d'instr. cr. 150. 151. 187. 188.

420) fr. 1 in fine de Quaestionibus (Dig. 48, 18). fr. 9 §. 11 fr. 27 pr. de Poenis (Dig. 48, 19).

421) Württemb. StrPO. 416...421. Oesterreich 369...372.

2) wenn der Mensch, wegen dessen Tödtung ein Strafurteil ergangen ist, erweislich nachher noch gelebt hat, und

3) wenn die Verurteilung auf Grund eines falschen Zeugnisses erfolgt ist.

In allen drei Fällen muss aber ein eigentliches Verbrechen in Frage stehen; die Beseitigung des Urteils soll dann vom Justizminister bei dem Cassationshofe eingeleitet werden[422].

Viel weiter geht das preussische Recht, indem es gegen jedes rechtskräftige Strafurteil den Beweis gestattet, dass es auf eine falsche Urkunde oder auf die Aussage meineidiger Zeugen gegründet sei. Das Restitutionsgesuch ist direct bei dem Gerichte anzubringen, welches in erster Instanz geurteilt hatte; doch muss vor der Verhandlung bereits über das Falsum rechtskräftig erkant sein, wenn dessen Urheber noch verfolgt werden konte. Wegen Verwerfung des Gesuches ist überdies noch eine Beschwerde binnen zehn Tagen zugelassen[423].

Die österreichische Strafprocessordnung (65...69) gestattet wegen neu aufgefundener Beweismittel ein neues Verfahren fast ohne Beschränkung, aber nicht blos zum Vorteil des Inculpaten, sondern auch zu seinem Nachteil.

V. Die Vollziehung des Strafurteils.

A. Zeitpunct der Vollziehbarkeit.

216. Dass die Vollziehbarkeit eines Straferkentnisses in der Regel erst mit der gänzlichen Erledigung der Rechtsmittelinstanz eintreten kan, das versteht sich von selbst; anticipirte Vollstreckungen sind nur möglich bei der gemeinrechtlichen Nichtigkeitsklage (§. 212), beim

422) Code d'instr. crim. 443...447.

423) Preuss. Verordnung vom 3. Jan. 1849 §. 151...55.

Standrecht (§. 211), und auf den eigenen Wunsch des Verurteilten, der nur gegen die Dauer der ihm zuerkanten Freiheitstrafe ein Rechtsmittel ergriffen hat[424].

Auf der anderen Seite gilt aber bei rechtskräftigen Strafurteilen auch die sofortige Vollziehung als Regel[425]; nur bei Todesstrafen verlangte die Peinliche Gerichtsordnung Art. 79 immer die dreitägige Vorbereitungsfrist. Krankheiten und ähnliche physische Hindernisse auf Seiten des Sträflings können zum Aufschub zwingen; wenn aber der Verurteilte, der doch auch ein Recht auf sofortigen Antrit der Strafe hat, wegen Ueberfüllung der Gefängnisse warten muss, so kan daraus eine schwere Ungerechtigkeit erwachsen. Nur als wirklich erbetene Gnade (§. 219) dürfen Aufschub oder Unterbrechungen gewährt werden.

B. Unvollziehbarkeit durch Urtelsverjährung.

217. Dass die neuere Gesezgebung neben der eigentlichen Criminalverjährung (§. 21) und der Rükfallsverjährung (§. 31) auch noch eine Verjährung des Strafurteils eingeführt hat, das ist schon bei der Darstellung der ersteren (§. 21) bemerkt worden. Zuerst war nur eine Strafmilderung in Aussicht gestellt[426]; dann verleitete das Beispiel des französischen Rechts[427] zur Gewährung von mancherlei sehr wilkürlichen Verjährungsfristen[428], bis

---

424) Weiter geht die Preuss. CrimO. §. 557...560. 562: gegen den bereits Verhafteten sollen die mehr als sechsmonatigen Arbeitstrafen immer provisorisch vollstrekt werden.

425) const. 18 de Poenis (Cod. 9, 47). Preuss. CrimO. 540. Code d'instr. cr. 375...380. Oester. StrPO. §. 413.

426) Preuss. Crim. Ordnung §. 603.

427) Code d'instr. crim. 635. 636. 639: für Uebertretungen solte eine zweijährige, für Delicte eine fünfjährige, für Verbrechen eine zwanzigjährige Urtelsverjährung eintreten.

428) Braunschweig. StrGb. 71. Württemberg 129. 131. 133. Thüringen 73. Sachsen 115. Bayern art. 97..100.

endlich in neuester Zeit auch wohl das gemeine Recht, welches das ganze Institut nicht kennt, wiederhergestellt worden ist[429].

C. Einfluss des Begnadigungrechts.

218. Das Begnadigungsrecht, das schönste Attribut der Staatshoheit, ist nicht bestimmt, in den eigentlichen Strafprocess einzugreifen; es hemmt nur die Vollziehung der Strafe, entweder gänzlich oder durch Substituirung eines statthaften Strafsurrogats. Der begnadigte Uebelthäter steht also auch nicht dem freigesprochenen, sondern demjenigen gleich, der seine Strafe wirklich verbüfst hat[430]. In Rom gehörte die Begnadigung in das Gebiet der kaiserlichen Restitutionen[431]; im altgermanischen Rechte war sie ein „Lösen von Leib und Gliedern", bedingt durch Bufse und Wette mit Zustimmung des Verlezten. Später hat man, dem Ideal einer grenzenlosen Machtvollkommenheit huldigend, das landesherrliche Begnadigungsrecht von allen Schranken entbinden wollen; man vergafs, dass es im Strafprocess auch berechtigte Privatgegner giebt[432], ja dass der Verurteilte selber nicht jede Strafumwandelung als ungebetene Wohlthat anzu-

429) Hessisch-Frankfurtisches Strafgesezbuch 128. Preuss. StrGb. 49. Lübek 48; stillschweigend auch Oesterreich.

430) Dieser Gesichtspunct ist in der neuesten Schrift über das Begnadigungsrecht, von Lüder (1860), nicht gehörig beachtet worden.

431) s. Note 420. fr. 45 §. 1 de Re iudicata (Dig. 42, 1).

432) Es ziemt sich wenigstens nicht für einen Justizminister, die einfache Begnadigung eines rechtskräftig verurteilten Injurianten, die für den Beleidigten eine neue rechtswidrige Kränkung werden kan, zu beantragen. Noch Josef II muste in der joyeuse entrée von Brabant-Limburg beschwören, keinen Mörder zu begnadigen, bevor den Verwandten des Getödteten Genüge gethan sei. vgl. auch Biener Geschwornengericht §. 41.

nehmen braucht. Das Bedenklichste aber war und ist die häufige Vermischung des Begnadigungrechts mit einer landesfürstlichen Bestätigung schwerer Strafurteile (§. 219); denn dass die Nichtbegnadigung d. h. die Erklärung, dem Rechte seinen Lauf zu lassen, sehr wesentlich verschieden sei von der positiven Bestätigung eines Todesurteils, und dass ein zartes Gewissen sich zu der lezteren ungern entschliest, wo die erstere gar keinem Anstand unterlegen hätte, das hätte man nicht erst aus der Erfahrung zu lernen gebraucht.

Die französische Revolution hatte das königliche Begnadigungsrecht ganz aufgehoben; erst im Jahre 1801 ward es dem ersten Consul von Neuem gegeben.

Dass sich aus dem Recht zu begnadigen ein unbedingtes Abolitionsrecht nicht ableiten läst, ist schon früher (§. 130) bemerkt worden.

Bei geringeren Strafen sind auch abgeleitete Begnadigungsrechte, in der Hand von Verwaltungs- oder Justizbehörden, nicht ganz selten; namentlich zum Zwecke einer Erleichterung, eines mäfsigen Aufschubs oder einer Unterbrechung (Strafurlaub) bei Vollziehung der Strafe[433].

219. Die Veranlassung zur Ausübung des Begnadigungrechts kan dreifach sein:

1) Gesezliches Verbot, die Todesstrafen, auch wohl lebenslängliche Freiheitstrafen, ohne vorgängige Anfrage bei der obersten Staatsgewalt zu vollziehen[434];
2) ein bestimmtes Begnadigungsgesuch des Verurteilten;
3) amtliche Empfehlung von Seiten des Richters oder der Geschwornen (§. 196) wegen solcher besonderer

433) Preuss. CrO. §. 590. Königl. Erlass v. 23. Nov. 1853. Oesterr. StrPO. 306...311. s. unten §. 220. 221.

434) So in Preussen nach der Criminalordnung von 1805 §. 530. 547, und Cabinetsordre vom 9. August 1816.

Gründe, die das richterliche Urteil direct nicht modificiren durften[435].

Dass in dem dritten dieser Fälle ein begleitender Bericht der Behörde nicht fehlen darf, versteht sich von selbst; aber auch in dem ersten und zweiten Falle ist derselbe immer zwekmäfsig, meist auch gesezlich vorgeschrieben.

Dem Begnadigungsgesuche immer einen Suspensiveffect einzuräumen, ist bedenklich; daher hat man diese Frage jezt mehr dem Ermessen des Oberstaatsanwalts überlassen.

220. Der Umfang der Begnadigung kan vierfach sein: Gänzlicher Erlass, Herabsezung, Suspension der Strafe und Umwandelung in eine entschieden mildere Strafgattung.

Die Suspension darf die Strafe nicht illusorisch machen, darum darf sie nur kurze Fristen gewähren. Eine Suspension auf unbestimmte Zeit müste an Bedingungen geknüpft werden, z. B. an die der Auswanderung aus Europa[436], wodurch sie zugleich den Character einer Strafumwandelung annimt.

Eine besonders qualificirte Begnadigung ist die, nur in der rheinischen Criminalordnung vorgesehene, dem älteren französischen Rechte entlehnte Rehabilitation, d. h. die Wiedereinsezung des wirklich Bestraften in die verlorenen Güter und Ehren, also die Beseitigung der über ihn verhängten rechtlichen Straffolgen. Sie ist

---

435) Dahin gehört auch der Eintrit einer milderen Strafgesezgebung nach rechtskräftig zuerkanter Strafe. Nach der Einleitung zum Allg. Pr. Landrecht §. 18 solte dies die zuerkanten, aber noch nicht angetretenen Strafen schon ipse iure mildern; das ist aber im J. 1851 mit Recht geändert worden. Einführungsgesez zum Strafgesezbuch art. VII.

436) Das solum uertere exilii causa der alten Römer!

bedingt durch günstige Zeugnisse und fünfjährigen Zeitverlauf nach wirklich verbüfster Leibes- oder entehrender Strafe; in der einfachen Begnadigung ist sie nicht mit enthalten [437].

D. Vollziehende Organe. Art der Vollziehung.

221. Die Strafvollziehung ist nach neuerem gemeinen Rechte von dem Richter erster Instanz, nach den neuesten Landesgesezgebungen von dem Staatsanwalt einzuleiten. Die Gefängnisse aber (vgl. §. 36...38) stehen meistens unter den Verwaltungsbehörden, und nicht unter directer Aufsicht der Gerichte [438].

Die Oeffentlichkeit des Strafvollzuges ist, abgesehen von der Todesstrafe (§. 44), immer eine Schärfung: namentlich auch die öffentliche Abführung zur Strafarbeit.

Dasselbe gilt von der öffentlichen Bekantmachung des Strafvollzuges, die eben deshalb nur bei schwereren Strafen gesezlich vorgeschrieben ist [439], und da, wo sie nur durch den Richter verfügt wurde, auch durch Rechtsmittel bestritten werden darf.

E. Surrogate und Anhänge der Strafvollziehung.

222. Surrogate der Strafen können ausserhalb des Gnadenweges nur in dem etwa gesezlich vorgeschriebenen Umfange eintreten, und müssen schon im Urteil wenigstens im Allgemeinen angedeutet worden sein.

Dahin gehört namentlich die s. g. Compensation der

---

437) Französ. Ordonnanz v. 1670 tit. 16 art. 5. Code d'instr. crim. art. 619...634. Französ. Ordonnanz v. 8. Jan. 1823.

438) Preussische Instructionen vom 21. Oct. 1837 und 1. Nov. 1851.

439) PGO. 97. Die Preuss. CrimO. §. 574 hatte dafür nicht glüklich den Namen Warnungsanzeige vorgeschrieben. — Von der Publication des Strafurteils s. oben §. 177. Preuss. Strafgesez §. 30.

Strafhaft mit der Vorhaft, die ohnehin nur bei unverdient erlittener oder verlängerter Vorhaft zu rechtfertigen ist.

Der häufigste Fall dieser Art ist aber die subsidiarische Strafhaft, wegen Unvermögens zur Entrichtung von Geldstrafen. Dass dagegen diese Ausgleichung nicht auch umgekehrt zum Abkauf der Gefängnisstrafe dienen darf, versteht sich von selbst.

Symbolische Strafvollziehungen „in effigie" gegen abwesende Verbrecher sind aus dem heutigen Contumacialstrafprocesse fast ganz verschwunden; man begnügt sich eher mit der beschimpfenden Veröffentlichung des Strafurteils und mit Einschreitungen gegen sein Vermögen [440].

Um so weniger ist jezt noch an ähnliche Proceduren gegen den verstorbenen Verbrecher zu denken. Früher glaubte man die Leiche sogar noch hängen zu müssen; selbst die preussische Criminalordnung [441] wolte auch den noch nicht Verurteilten wenigstens auf der Gerichtstätte verscharrt wissen!

223. Eine eigentümliche Zugabe zu der Strafvollziehung bildete früher die s. g. Urfehde, d. h. das dem Verurteilten auferlegte Gelöbnis oder eidliche Versprechen, sich künftig gesezlich zu verhalten, sich wegen der erlittenen Strafe nicht zu rächen (urpheda de non ulciscendo) und im Falle der Ausweisung nicht wiederzukehren (urpheda de non redeundo). Jezt hat man dafür die Stellung unter Polizei-Aufsicht eingeführt.

VI. Die Kosten des Strafverfahrens.

224. Die Kosten des Strafverfahrens (frais de justice criminelle) können durch die Untersuchung, die Vorhaft,

440) s. oben §. 203. Code d'instr. crim. 471...76.

441) §. 550, geändert durch Strafgesez von 1851 §. 8.

die Hauptverhandlung, die Defension, die Rechtsmittel, die Ausfertigung des Urteils und die Strafvollziehung veranlast werden.

Für alle diese Kosten ist ein besonderer Criminalfonds unentbehrlich, den man sonst öfter den Criminalfiscus nante, weil ihm die Strafgefälle, auch wohl die Confiscationserträge als „fructus iurisdictionis“ (II, 616) zugewiesen wurden.

Dieser Fiscus hat nicht nur die Vorschüsse, sondern auch die Ausfälle zu decken, wenn das Vermögen des Verurteilten nicht ersazfähig, oder gar keine Verurteilung erfolgt ist.

In diesem lezten Falle belastet das gemeine Recht zunächst zwar Den mit den Kosten, der sie verschuldet hat; hat aber ein Zufall sie verschuldet, so haften sie an dem, der sie vorerst hat aufwenden müssen.

So wird der Inculpat für die Kosten seiner Verteidigung nicht leicht Ersaz erhalten, wenn nicht ein Denunciant oder eine Civilpartei das Strafverfahren veranlast hatte; er kan aber, namentlich bei einer Lossprechung von der Instanz, auch noch zu den Untersuchungskosten beitragen müssen, wenn er durch eigene Schuld einen erheblichen Verdacht auf sich geladen hatte.

Einzelne neuere Gesezgebungen haben es auch bei der amtlichen Anklage für erlaubt gehalten die Staatsanwaltschaft von aller Ersazpflicht freizusprechen, ohne dem freigesprochenen Inculpaten auch nur die Bezahlung seines Verteidigers ausdrüklich abzunehmen [442].

---

442) Preuss. Verordng v. 3. Jan. 1849 §. 178. 79. Oesterreich. StrafPO. §. 342. Ueber das rheinische Recht s. Daniels Grundsäze des Strafverfahrens §. 450..461. Oben Note 220.

Register

mit Angabe der Paragraphenzahlen.

Nachträge und Berichtigungen.

S. 7. Zeile 6. Seltener sind vollständige Codificationen der rein polizeilichen Strafgesezgebung zu Stande gekommen; Anhalt, Hessen-Darmstadt (1855) und besonders Bayern (1861) machen hier eine Ausnahme.

» Z 12. In Anhalt-Bernburg ist das preussische Strafgesezbuch und Strafprocessrecht am 1. Oct. 1864 beseitigt und durch das thüringische, so wie durch das dessauische Polizeistrafgesez v. 29. März 1853 ersezt worden.

» Z. 11 v. u. Hamburg: Entwurf v. 10. Febr. 1862, wieder abgedrukt 1864, dem Braunschweigischen StrGB. ähnlich.

» Z. 9 v. u. Hessen-Darmstadt: Polizeistrafgesez vom 30. Oct. 1855.

S. 8. Z. 13 v. u. Das württembergische Strafgesezbuch ist vielfach modificirt worden durch Geseze v. 13. Aug. 1849, 17. Juni 1853 und 14. April 1855.

S. 10. Note 6: Hessen §. 4, modificirt 23. Febr. 1849.

Note 7: Die Römer straften den incestus iuris gentium als solchen. fr. 38 §. 2 Dig. 48, 5. fr 68 Dig. 23. 2.

S. 88. Z. 5. Anhalt-Bernburg, s. oben zu S. 7. Z. 12.

» Z 11. Baden: neue StrPO., publicirt 18. März 1864.

» Z. 6. v. u. Bremen: neue StrPO., in Kraft getreten 1864.

» Z. 3 v. u. Hamburg: Entwurf v 14. April 1862, wieder abgedrukt 1864.

» Z. 2 v. u. Hannover: Das noch geltende provisorische Gesez über Bildung der Schwurgerichte v. Dec. 1849 fehlt bei Häberlin und Sundelin.

S. 89. Z. 12. Der Entwurf der hessischen StrPO. von 1864 war bereits gedrukt bei Sundelin S. 204...267.

» Z. 16. Lübek: StrPO. v. 29. Dec. 1862.

S. 90. Z. 3. (Preussen): 9) Verordnungen v. 25. Januar und 6. Juni 1864, über die Militär-Rechtspflege.

» Z. 9 v. u. Ein revidirter Entwurf der StrPO für Württemberg, von Bezzenberger, ist erschienen 1864.

S. 94. Z. 8 v. u. fehlt die Ueberschrift:

D. Oeffentlichkeit und Mündlichkeit.

S. 125. Z. 8: statt 2 lies 3.

S. 144. Z. 14: statt „der Wahrheit" l. von der Wahrheit.

Bonn, Druck von Carl Georgi.

FSC
www.fsc.org
MIX
Papier | Fördert
gute Waldnutzung
FSC® C083411

Kolibri 360 GmbH
Ferdinand-Jühlke-Straße 7
99095 Erfurt, Deutschland
produktsicherheit@kolibri360.de